KARL CHRISTIAN BEHRENS · ALLGEMEINE STANDORTBESTIMMUNGSLEHRE

UTB Uni-Taschenbücher

Eine Arbeitsgemeinschaft der Verlage
Birkhäuser Verlag Stuttgart und Basel
Gustav Fischer Verlag Stuttgart
Francke Verlag München
Dr. Alfred Hüthig Verlag Heidelberg
J. C. B. Mohr (Paul Siebeck) Tübingen
Quelle & Meyer Heidelberg
F. K. Schattauer Verlag Stuttgart–New York
Ferdinant Schöningh Verlag Paderborn
Eugen Ulmer Verlag Stuttgart
Vandenhoeck & Ruprecht in Göttingen und Zürich
Verlag Dokumentation München-Pullach
Westdeutscher Verlag Opladen
Leske Verlag Opladen

Allgemeine Standortbestimmungslehre

von Prof. Dr. Karl Christian Behrens
Freie Universität Berlin

Zweite Auflage

WESTDEUTSCHER VERLAG OPLADEN · 1971

Meiner lieben Frau

ISBN 3-531-11082-9

Printed in Germany

Inhaltsverzeichnis

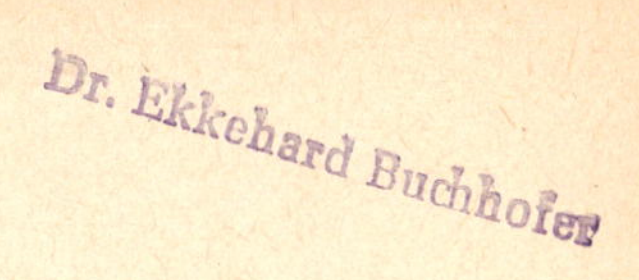

Vorwort

Die bisherige Standortlehre ist durch eine Hinwendung zur reinen Theorie gekennzeichnet. Diese Entwicklung resultiert aus der Schwierigkeit der Materie, denn je mehr sich die Standortforscher bemühten, zu exakten Aussagen vorzudringen, umso mehr zwang sie die Vielfalt der in der ökonomischen Wirklichkeit zu beachtenden Faktoren, das Standortproblem gedanklich zu vereinfachen. So legte Johann Heinrich von Thünen seiner landwirtschaftlichen Standorttheorie das Modell einer isolierten Stadt als Konsumzentrum zugrunde. Alfred Weber klammerte in dem Bestreben, die Zahl der Einflußgrößen auf wenige zu reduzieren, die gesamte Absatzseite aus und ließ mit Ausnahme der Arbeits- und Transportaufwendungen alle anderen Kosten unberücksichtigt. Andere Autoren erweiterten die Standortlehre zu einer Raumwirtschaftstheorie oder sie zogen das Substitutionsprinzip bzw. das Grenzproduktivitätstheorem zur Erklärung heran.

Die vorliegende Schrift – ein im wesentlichen unveränderter Nachdruck der ersten Auflage mit ausführlicher Ergänzung des Literaturverzeichnisses – hat das Bestreben, eine Konzeption ohne abstrakt-theoretische Vereinfachungen zu schaffen. Ihr Ziel ist eine wirklichkeitsnahe, empirisch-realistische Standortlehre, in der die vielfältigen realen Einflußgrößen systematisiert und übersichtlich dargestellt werden. Dem Hauptteil der Schrift ist ein kurzer Abriß zur Geschichte der Standorttheorien vorangestellt worden, um *Problemstellung und Methode der betriebswirtschaftlichen, empirisch-realistischen Standortbestimmungslehre* abgrenzen und klar herausstellen zu können.

Zum Schluß möchte ich meinen früheren Mitarbeitern, Herrn Prof. Dr. Johannes Bidlingmaier, Herrn Prof. Dr. Günter Petermann und Herrn Dr. Edgar W. Uherek für ihr Mitwirken und für wertvolle Anregungen danken, die ich durch sie erhalten habe.

Berlin-Dahlem 1970/71

Karl Christian Behrens

Erster Teil

Zur Entwicklung der Standorttheorie

I. Die landwirtschaftliche Standorttheorie von Johann Heinrich von Thünen

Die erste wissenschaftlich bedeutsame Auseinandersetzung mit dem Standortproblem findet sich in *Johann Heinrich von Thünens* klassischem Werk „Der isolierte Staat in Beziehung auf Landwirtschaft und Nationalökonomie", das erstmals 1826 erschien[1]. Das Grundanliegen *Thünens* war der Nachweis, daß die Art der landwirtschaftlichen Bodennutzung nicht nur durch die n a t ü r l i c h e n, unabänderlichen Bodenbeschaffenheiten bestimmt ist, sondern wesentlich von einem ö k o n o m i s c h e n Tatbestand abhängt, nämlich von der Entfernung des Produktionsorts vom Konsumort. Indem *Thünen* sein Augenmerk auf diesen Zusammenhang richtete, verließ er die rein naturwissenschaftlich-agrartechnische Betrachtungsweise und öffnete damit den Zugang zur spezifisch wirtschaftswissenschaftlichen Problemseite der landwirtschaftlichen Standortwahl.

Um die Konsequenzen aufzuweisen, die sich aus der Entfernung des Ortes der agrarischen Produktion vom Konsumort für die Art der Bodenverwendung ergeben, bildet *Thünen* sein lehrgeschichtlich berühmt gewordenes Modell, den „isolierten Staat", das aus einer Reihe bewußt realitätsferner Voraussetzungen besteht:

1. Umgeben von einer unkultivierbaren Wüstenei befindet sich eine kreisförmige Fläche bewohnten und bebaubaren Landes. Mit diesem Bild soll veranschaulicht werden, daß für das Gemeinwesen keine Beziehungen zu einem anderen bestehen und daß die Menge des verfügbaren Bodens begrenzt ist.
2. Es gibt nur eine Stadt im Zentrum des „isolierten Staates", die alle anderen, rein landwirtschaftlich genutzten Gebiete mit gewerblichen Produkten versorgt und zugleich deren Konsumzentrum darstellt.

[1] Neudruck in der Sammlung Sozialwissenschaftlicher Meister, herausgegeben von Waentig, Jena 1930.

3. Zwischen der Stadt und ihrer Umgebung bestehen lediglich Landverbindungen, die überall gleich gut sind; dagegen gibt es keine Kanäle oder schiffbaren Flüsse.
4. Die Bodenqualitäten und die klimatischen Verhältnisse sind im gesamten Gemeinwesen gleich; nirgends erzwingen also Bodenbeschaffenheit oder Klima von sich aus eine bestimmte Art der Bodenverwendung.
5. Die Transportkosten steigen proportional zum Gewicht der landwirtschaftlichen Produkte und zur Entfernung des Produktionsortes vom Konsumzentrum.

Aus diesen Voraussetzungen lassen sich nun für die Art der Bodennutzung folgende Konsequenzen ableiten: in der nächsten Umgebung der Stadt werden solche Produkte angebaut, die entweder wegen ihrer leichten Verderblichkeit längere Transportwege nicht zulassen, oder deren Gewicht im Verhältnis zu ihrem Wert so groß ist, daß bei weitem Transport die Kosten über den erzielbaren Preis hinaus steigen würden. Hieraus folgt, daß der Anbau dieser Güter in einer weiter von der Stadt entfernten Zone wirtschaftlich untragbar ist: bei schnell verderblichen Gütern wäre der Ertrag gleich Null, während transportkostenintensive Produkte nur zu einem Preis auf den Markt gebracht werden könnten, der beträchtlich über dem der stadtnäheren Betriebe läge. Erst dann, wenn das Angebot der in unmittelbarer Nähe zum Konsumzentrum produzierenden Landwirte nicht zur Bedarfsdeckung ausreicht, so daß Preissteigerungen eintreten, wird eine Produktion in entfernteren Gebieten lohnend; in diesem Fall entsteht bei den konsumnäheren Betrieben infolge ihres Transportkostenvorsprunges eine Differentialrente, die sog. „Lagerente". Ist hingegen der Konsumbedarf an den betreffenden Gütern gedeckt, so ergibt sich für die konsumortferneren Betriebe die Notwendigkeit zum Anbau solcher Produkte, deren Gewicht im Verhältnis zu ihrem Wert geringer ist, bei denen also die Bedeutung der Transportkosten zurücktritt. Das Verhältnis von Wert und Gewicht muß sich um so mehr zugunsten des Wertes verändern, je weiter der Produktionsort vom Konsumort entfernt ist. Zugleich wird die Tendenz auftreten, die mit steigender Entfernung von der Stadt zunehmende absolute Transportkostenbelastung in der Weise auszugleichen, daß der Anteil der Arbeitskosten gesenkt wird; dies bedeutet, daß der Boden in dem Maße extensiver bewirtschaftet werden wird, wie sich die Entfernung zum Konsumzentrum vergrößert,

während in der nächsten Umgebung der Stadt ein „Zwang" zu sehr intensiver Bewirtschaftung besteht.
Aus diesem Sachverhalt ergibt sich, daß sich sowohl die Art der Bodenverwendung als auch die Bewirtschaftungsform von Entfernungszone zu Entfernungszone ändern werden, so daß sich um das Konsumzentrum gleichsam eine Schar von konzentrischen Ringen, sog. „*Thünen*'schen Kreisen", legt. Unter Berücksichtigung der unterschiedlichen Beschaffenheiten der landwirtschaftlichen Produktarten gelangt *Thünen* zu folgender Gruppierung der Bodenverwendung:
Im 1. (konsumnahesten) Kreis werden ihrer leichten Verderblichkeit wegen Milch und Gartenbauerzeugnisse (Gemüse) und wegen ihres geringen Wertes Futtermittel, Kartoffeln und Rüben produziert;
im 2. Kreis wird infolge des bei hoher Transportkostenbelastung mengenmäßig großen Bedarfs an Holz Forstwirtschaft betrieben, und zwar wird man in der konsumnäheren Hälfte dieses Kreises das geringwertige Brennholz, in der anderen Hälfte dagegen das höherwertige Nutzholz (Bauholz) gewinnen;
der 3. Kreis wird für den Ackerbau in der sehr intensiven Form der Fruchtwechselwirtschaft genutzt;
im 4. Kreis betreibt man den Getreidebau nach der weniger intensiven Bewirtschaftungsmethode der Feldgras- oder Koppelwirtschaft;
im 5. Kreis werden die Felder nach den Regeln der extensiven Dreifelderwirtschaft bestellt;
der 6. Kreis bleibt der Viehzucht vorbehalten, die eine noch extensivere Bewirtschaftung gestattet und deren Erzeugnisse (Butter, Fleisch) bei großem Wert nur relativ geringe Transportkosten verursachen;
an der Peripherie des Gemeinwesens schließlich bringen wegen der großen Entfernung zum Konsumzentrum nur noch Jagderzeugnisse einen Ertrag.
Konfrontiert man die *Thünen*'sche Fiktion mit den Verhältnissen in der Wirklichkeit, so muß unterschieden werden zwischen solchen Voraussetzungen des Modells, die selbst zu Thünens Zeiten irrealen Charakter hatten, und anderen, die erst im Laufe der technisch-wirtschaftlichen Entwicklung ihre Realitätsnähe einbüßten. Zu den erstgenannten gehört vor allem das Vorhandensein nur eines einzigen Konsumzentrums und die völlige Gleichheit der Bodenverhältnisse. Tatsächlich treten jedoch dadurch, daß stets mehrere Absatzmärkte vorhanden sind, im

System der *Thünen*'schen Kreise Verzerrungen und Überlagerungen auf; die Ordnung der Standortverteilung wird durch den Umstand gestört, daß unterschiedliche Bodenqualitäten die willkürliche Verwendung des Bodens bis zu einem gewissen Grade von sich aus aufheben. Dennoch kann gesagt werden, daß das *Thünen*'sche Modell hinsichtlich seiner Aussagen über die Standortbedingtheit der Bodenverwendung und der Bewirtschaftungsform in der zweiten Hälfte des 19. Jahrhunderts auf weltwirtschaftlicher Ebene weitgehend verifiziert worden ist, und daß nur die Auswirkungen der Schutzzollpolitik seine völlige Kongruenz mit der Wirklichkeit verhinderten[2]. Dabei nahmen die Stelle des *Thünen*'schen Konsumzentrums die Industriegebiete der Ruhr, Belgiens, Frankreichs und Englands ein, deren unmittelbare Umgebung (Kölner Tiefland, Holland, Belgien) gartenbaulich genutzt wurde. Als nächste Zone folgten die intensive Viehwirtschaft der Niederlande, Großbritanniens und Dänemarks und der intensive Getreide- und Hackfruchtbau in Frankreich, Deutschland und Österreich-Ungarn; die Peripherie bildete schließlich die extensive Getreide- und Viehwirtschaft der Randgebiete Rußland, Amerika und Australien.
Daß die *Thünen*'sche Standorttheorie in der heutigen Zeit nur noch begrenzte Gültigkeit besitzt, ist vor allem Folge der Entwicklung des Verkehrswesens in einem Umfange, der die ökonomische Entfernung zwischen zwei Orten gegenüber ihrer geographischen stark verkürzte. Durch die Schnelligkeit der modernen Verkehrsmittel und durch die Verwendung von Kühlwagen entfällt heute die Notwendigkeit, leicht verderbliche Güter in unmittelbarer Konsumnähe zu produzieren; die Staffelung der Tarifsätze nach dem Wert der Güter und nach der zu überwindenden Entfernung ermöglicht auch bei billigen Produkten größere Entfernungen zwischen Erzeugungs- und Verbrauchsort.
Diese Entwicklungen haben u. a. dazu geführt, daß selbst dort Getreide angebaut wird, wo nach dem Schema Thünens nur Jagderzeugnisse noch einen Ertrag bringen, daß die großstädtische Milchversorgung über größere Entfernungen hinweg bewerkstelligt wird, während die Forstwirtschaft vielfach in periphere Gebiete verdrängt worden ist. Dennoch bleiben die logische Schlüssigkeit der Konstruktion *Thünens* und die methodische Vorbildlichkeit seiner Analyse unangetastet.

[2] Vgl. *Dittrich, Erich*: Vom Primat der Raumordnung. Informationen des Instituts für Raumforschung, Jg. 1953, Nr. 35/36, S. 365.

II. Die industrielle Standorttheorie von Alfred Weber

Während die landwirtschaftliche Standorttheorie *Thünens* eine noch weitgehend primitive Verkehrswirtschaft mittelalterlicher Prägung zur Grundlage hat, errichtet *Alfred Weber* – nach früheren Versuchen *Roschers*[3], *Schäffles*[4] und *Launhardts*[5] – erstmals eine systematisch durchgebildete Theorie, die auf den Strukturmerkmalen der modernen industrialisierten Wirtschaft aufbaut. In seinem 1909 erschienenen Werk „Über den Standort der Industrien" führt *Weber* zunächst den für seine gesamte Konstruktion tragenden Begriff des „Standortfaktors" ein, unter dem er „einen seiner Art nach scharf abgegrenzten Vorteil (versteht), der für eine wirtschaftliche Tätigkeit dann eintritt, wenn sie sich an einem bestimmten Ort oder auch generell an Plätzen bestimmter Art vollzieht"[6]. Standortfaktoren sind also solche Merkmale eines geographischen Ortes, die ihn für die Durchführung einer industriellen Produktion attraktiv machen. Ist diese Definition der Standortfaktoren als „wirtschaftliche Vorteile schlechthin" noch so weit gefaßt, daß auch Absatzvorteile darunter zu subsumieren wären, so engt *Weber* diese Vorteile jedoch sofort auf „Kostenvorteile" ein; er schließt also alle Einflüsse, die ein bestimmter Standort auf die Absatzlage ausübt, von vornherein aus.

Weber nimmt nun folgende Einteilungen der Standortfaktoren vor:

1. nach dem Umfang ihrer Geltung in
   a) generelle Standortfaktoren, die für jede industrielle Produk-

[3] *Roscher, Wilhelm:* System der Volkswirtschaft. 3. Band, Stuttgart 1881, S. 502 ff.

[4] *Schäffle, Albert:* Das gesellschaftliche System der menschlichen Wirtschaft. 3. Aufl., Tübingen 1873, S. 274 ff.

[5] *Launhardt, Wilhelm:* Die Bestimmung des zweckmäßigsten Standorts einer gewerblichen Anlage. Zeitschrift des VDI, Jg. 1882, S. 105 ff.

[6] *Weber, Alfred:* Über den Standort der Industrien. 1. Teil: Reine Theorie des Standorts. Tübingen 1909, S. 16.

tion mehr oder weniger von Bedeutung sind (z. B. die Höhe der Grundrente, der Arbeitskosten), und

b) spezielle Standortfaktoren, die nur bei bestimmten Industriezweigen ins Gewicht fallen (z. B. klimatische und geologische Bedingungen);

2. nach ihrer räumlichen Wirkung in
   a) Regionalfaktoren, welche die Betriebe an geographisch konkret gegebene Punkte ziehen,
   b) Agglomerativfaktoren, durch welche die Unternehmungen in bestimmten Gebieten zusammengeballt werden, und
   c) Deglomerativfaktoren, die standortlich dezentralisierend wirken;
3. nach der Art ihrer Beschaffenheit in
   a) natürlich-technische Standortfaktoren (z. B. das Klima, die Qualität der Arbeitskraft, soweit sie auf natürlichen Anlagen beruht), und
   b) gesellschaftlich-kulturelle Standortfaktoren (z. B. regionale Unterschiede des Zinsniveaus).

Für seine standorttheoretischen Ableitungen schließt *Weber* die speziellen und die gesellschaftlich-kulturellen Standortfaktoren aus und unterstellt eine interregionale Gleichheit der Höhe der Grundrente; da er weiterhin zunächst die Standortgesetzmäßigkeiten einer „isolierten Produktion" aufzudecken bestrebt ist, kann sich die Analyse zudem auf die Regionalfaktoren beschränken. Die Konstruktion ist mithin so angelegt, daß ein aus der Orientierung an natürlich-technischen und generellen Regionalfaktoren resultierendes „Grundnetz" der industriellen Standortverteilung als überlagert gedacht wird durch das Wirksamwerden des Agglomerationsfaktors.

Weber mustert nun die Kostenarten der Industriebetriebe unter dem Gesichtspunkt, inwieweit die Kriterien der generellen Bedeutsamkeit, der regionalen räumlichen Wirkung und der natürlich-technischen Beschaffenheit auf sie zutreffen und kommt zu dem Schluß, daß lediglich die Material-, die Arbeits- und die Transportkosten diesen Kriterien genügen, so daß folgende Tatbestände als die gesuchten Standortfaktoren zu berücksichtigen sind: (1.) Die örtlichen Materialpreise, (2.) die Höhe der Arbeitskosten, (3.) die Transportkosten. Nun lassen sich jedoch die regionalen Materialpreisunterschiede gedanklich zu Transportkostenunterschieden modifizieren, und zwar in der Weise, daß die teueren Materialien als weiter entfernt gelegene aufgefaßt werden. Für den industriellen Auftraggeber ist es kostenmäßig ohne Interesse, ob die benötigten Rohstoffe von einer näher gelegenen Bezugsquelle zu höheren Einkaufspreisen oder von einer entfernteren zu geringeren Preisen beschafft werden, wenn im zweiten Fall die größere Transportkostenbelastung den Preisvorteil gerade ausgleicht; in beiden Fällen ist der Einstandspreis der gleiche. Durch diese gedankliche Operation gelingt es *Weber*, die Zahl der für eine isolierte Produktion standortlich relevanten Tatbestände auf zwei Faktoren zu reduzieren: die Transportkosten und die Arbeitskosten. Erst wenn die Voraussetzung der produktionstechnischen Isolierung aufgegeben wird, treten als dritter Faktor die Vorteile der Agglomeration hinzu.

Weber untersucht zunächst den Einfluß der Transportkosten auf die industrielle Standortwahl und unterstellt, daß die Höhe der Transportkosten ausschließlich von der Entfernung und dem Gewicht des zu transportierenden Materials abhängt, so daß der Standort, für den die Transportkostenbelastung am niedrigsten ist, rein technisch als „tonnenkilometrischer Minimalpunkt" charakterisiert werden kann. Entscheidend für die standortliche Bedeutung der Transportkosten ist die Beschaffenheit des in der Produktion eingesetzten Materials; *Weber* nimmt daher folgende Einteilung der Materialien vor:

1. „Lokalisiertes" Material. Hierunter werden solche Stoffe verstanden, deren Gewinnung an bestimmte Orte, die Fundorte, gebunden ist. Beim lokalisierten Material wird weiter unterschieden zwischen:
   a) „Reingewichtsmaterial", das mit seinem vollen Gewicht in das Produkt eingeht, und
   b) „Gewichtsverlustmaterial", das gewichtsmäßig entweder nur zum Teil oder überhaupt nicht im Fertigerzeugnis enthalten ist; im ersten Fall handelt es sich um „Teilgewichtsverlustmaterial" oder „Grobmaterial" (z. B. Erze), im zweiten um „Totalgewichtsverlustmaterial" (z. B. die nur als Kraftstoff verwandte Kohle).
2. „Ubiquitäten", d. h. solche Stoffe, die praktisch überall vorkommen, deren Gewinnung nicht an bestimmte Fundstellen gebunden ist (z. B. die für die Stickstoffproduktion benötigte Luft).

Den Einfluß, den die Transportkosten je nach der Beschaffenheit des zu verarbeitenden Materials auf den Industriestandort nehmen, verdeutlicht *Weber* mit Hilfe des sog. „Materialindex", der durch den

Quotienten aus dem Gewicht der lokalisierten Materialien und dem des Fertigerzeugnisses gebildet wird:

$$\text{Materialindex} = \frac{\text{Gewicht der lokalisierten Materialien}}{\text{Gewicht des Fertigerzeugnisses}}$$

Das Gewicht der insgesamt zu transportierenden („zu bewegenden") Materialien – das „Standortgewicht" – erhält man aus dem Materialindex, indem man die Werte des Zählers und des Nenners addiert. Wird das Gewicht des Fertigprodukts gleich 1 gesetzt – indem man den gesamten Ausdruck durch den Wert für das Gewicht des Fertigerzeugnisses kürzt –, so ist das Standortgewicht stets um 1 größer als der Materialindex[7].

Die numerischen Werte für den Materialindex und damit auch für das Standortgewicht hängen nun von der Art der benötigten Materialien und der Proportion ab, in der die Produktion ihren Einsatz erfordert:

a) Werden ausschließlich Ubiquitäten verwandt, so ist der Zähler und somit auch der Materialindex gleich 0, das Standortgewicht beträgt 1.
b) Gehen in die Produktion ausschließlich Reinmaterialien ein, so beträgt der Materialindex 1, das Standortgewicht ist 2.
c) Werden ausschließlich Gewichtsverlustmaterialien verbraucht, so ist der Materialindex stets größer als 1, das Standortgewicht größer als 2.
d) Erfordert die Produktion Gewichtsverlustmaterialien und Ubiquitäten, so verstärken die Ubiquitäten den Nenner des Bruches, während die Gewichtsverlustmaterialien den Zähler erhöhen. Je nach dem Anteil der beiden Komponenten kann der Materialindex größer, kleiner oder gleich 1 sein; das Standortgewicht ist (da Materialindex stets > 0) in jedem Fall größer als 1.

Um nun aus der Art und der Proportion der eingesetzten Materialien eine exakte Determination des jeweils transportkostenoptimalen Standorts abzuleiten, bildet *Weber* geometrische Standortfiguren, bei denen jeweils eine Ecke den Konsumort K darstellt, während die übri-

[7] Beträgt der Materialindex beispielsweise $^6/_3$, so muß der Bruch durch 3 gekürzt werden, wenn sich für das Fertigerzeugnis der Indexwert 1 ergeben soll; für den Wert $^2/_1$ stellt dann der Zähler (2) den Materialindex, die Summe aus Zähler und Nenner (3) das Standortgewicht dar.

gen Ecken die – im Verhältnis zum Konsumort – optimalen Lagerplätze der einzelnen Materialien M_1, M_2, M_3 ... repräsentieren. Die einfachste Standortfigur ist das Standortdreieck, das sich dann ergibt, wenn lediglich zwei Materialien in die Produktion eingehen; werden mehrere Materialien mit unterschiedlichen Lagerplätzen benötigt, so müssen Standortpolygone gebildet werden:

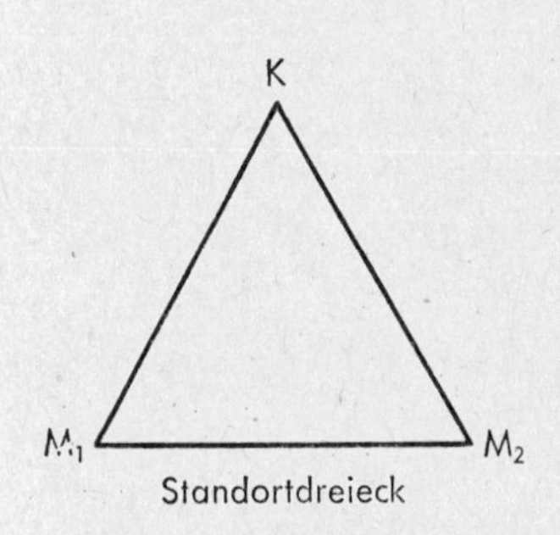

Standortdreieck

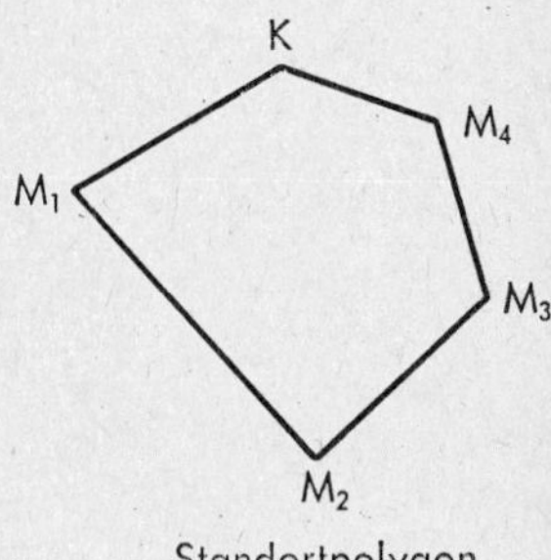

Standortpolygon

Die Frage besteht darin, wo innerhalb oder auf der Peripherie der Standortfigur der für die Verarbeitung einer bestimmten Materialienkombination transportkostengünstigste Standort liegt. Hier ergeben sich nun folgende Möglichkeiten:

1. Eine Ubiquität oder mehrere Ubiquitäten
   Der Materialindex ist 0. Die Produktion liegt am Konsumort, da in diesem Fall überhaupt keine Transportkosten entstehen, während durch jedes Abrücken vom Konsumort Frachtkosten für den Transport des Fertigprodukts anfallen. Die Standortfigur schrumpft also zu einem Punkt – dem Konsumplatz K – zusammen.
2. Ein Reinmaterial
   In diesem Falle schrumpft die Standortfigur zu einer Strecke, der Linie M_1 – K zusammen, der Materialindex beträgt 1. Es ist gleichgültig, auf welchem Punkt dieser Strecke die Produktion durchgeführt wird, da die Summe der Transportkosten für den Transport des Reinmaterials vom Fundort zur Produktionsstätte und für den Transport des Fertigerzeugnisses von der Produktionsstätte zum Konsumort stets gleich ist. Mithin wird durch die Verwendung nur eines

Reinmaterials lediglich die Durchführung der Produktion entlang einer Strecke, aber nicht ein bestimmter Punkt auf dieser Strecke determiniert.

3. Ein Reinmaterial und Ubiquitäten
Der Materialindex ist kleiner als 1; der Standort liegt am Konsumplatz, da sich dann die Transportkosten um den Betrag kürzen, der für die im Fertigerzeugnis enthaltenen Ubiquitäten aufgewandt werden müßte, wenn sich die Produktion vom Konsumort entfernt.
4. Mehrere Reinmaterialien
Zwar ist der Materialindex auch hier – wie im Falle der Verwendung nur eines Reinmaterials – gleich 1, der optimale Standort liegt jedoch eindeutig am Konsumplatz. Würde – wenn es sich bei der Standortfigur um ein Standortdreieck handelt – die Produktion etwa am Lager M_1 durchgeführt werden, so müßte das am Platz M_2 befindliche Material zunächst als Rohstoff nach M_1 und sodann als Bestandteil des Fertigprodukts von M_1 nach K transportiert werden, während bei Wahl des Konsumplatzes als Betriebsstandort lediglich der Transport von M_2 nach K nötig wäre. Die Wahl des Konsumplatzes als Standort ergibt sich also daraus, daß die Entfernung $M_1 K + M_2 K$ kürzer ist als die Entfernung $M_2 M_1 K + M_1 K$. Entsprechendes gilt für das Verhältnis zwischen den Standorten M_2 und K.
5. Mehrere Reinmaterialien und Ubiquitäten
Der Materialindex ist kleiner als 1. Der Standort ist noch stärker als im Fall 4. an den Konsumort gebunden, da sich die Transportkosten bei einem Abrücken vom Konsumplatz zuzüglich um den Betrag erhöhen würden, der für den im Fertigprodukt enthaltenen Ubiquitätenbestandteil aufgewandt werden müßte.
6. Ein Gewichtsverlustmaterial
Wie im Fall 2. schrumpft die Standortfigur zu einer Linie zusammen, der Materialindex ist jedoch größer als 1. Der Standort liegt am Materiallager, da sich dann die Transportkosten um den Betrag reduzieren, der für den Transport des in der Produktion verlorengehenden Materialgewichts aufgewandt werden muß, wenn sich die Produktionsstätte vom Fundort entfernt.
7. Ein Gewichtsverlustmaterial und Ubiquitäten
Auch hier besteht die Standortfigur lediglich aus einer Strecke. Der Standort der Produktion hängt davon ab, welche Materialkomponente das Übergewicht hat. Überwiegen die Ubiquitäten, so ist der

Materialindex kleiner als 1, die Produktion liegt am Konsumort; fällt das Gewichtsverlustmaterial stärker ins Gewicht, so ist der Materialindex größer als 1, die Produktion wird zum Materiallager gezogen.

8. Mehrere Gewichtsverlustmaterialien
Der Materialindex ist größer als 1. Der transportkostenoptimale Standort läßt sich in diesem Fall durch die Verwendung eines mechanischen Modells, des Varignon'schen Apparats, feststellen[8]: Man befestigt über den Ecken der Standortfigur Röllchen und läßt darüber Fäden laufen, die in der Mitte der Figur miteinander verknüpft werden. An den Ecken werden die Fäden mit Gewichten belastet, die den Transportgewichten entsprechen; an den Ecken M_1, M_2... hängen also die benötigten Materialgewichte, an der Ecke K wird das Gewicht des Fertigprodukts befestigt. Der transportkostenoptimale Standort liegt dann am Knotenpunkt der Fäden, dessen Lage von der Proportion abhängt, in der die einzelnen Gewichtskomponenten zueinander stehen. Dieser Punkt kann liegen
   a) an einem der Materialorte, und zwar dann, wenn das Gewicht eines Materials ebenso groß oder größer ist als das der übrigen Materialien und des Fertigprodukts zusammen,
   b) an einer Stelle zwischen den Materialorten, wenn kein Materialgewicht der in a) genannten Bedingung genügt, oder
   c) in Sonderfällen am Konsumort, wenn der Konsumplatz eine bestimmte Stelle innerhalb der Standortfigur einnimmt.

9. Gewichtsverlustmaterialien und Reinmaterialien
Auch in diesem Fall ist der Materialindex größer als 1, aber kleiner als in der Variante 8. Daher gelten auch hier die für den Fall 8. möglichen Konsequenzen, es wird lediglich die Tendenz zu den Lägern abgeschwächt.

10. Gewichtsverlustmaterialien, Reinmaterialien und Ubiquitäten
Der Materialindex kann größer, kleiner oder gleich 1 sein. Ist er kleiner oder gleich 1, so liegt der Standort am Konsumplatz; ist er größer als 1, so sind wiederum die unter 8. genannten Möglichkeiten gegeben.

[8] Als zweiten Lösungsweg verwendet *Weber* geometrische Konstruktionen, auf deren Darstellung hier verzichtet werden kann. Die geometrische Lösung hat gegenüber der mechanischen den Nachteil, daß sie sich lediglich beim Standort-Dreieck ohne komplizierte Operationen verwenden läßt, während das Varignon'sche Gestell auch bei Standortpolygonen leicht zum Ziele führt.

Aus dieser Kasuistik ergibt sich die allgemeine Tendenz, daß Industrien mit hohem Materialindex materialorientiert, Industrien mit kleinem Materialindex konsumorientiert sein werden.

Um den Einfluß der Arbeitskosten auf die industrielle Standortwahl zu demonstrieren, geht *Weber* davon aus, daß der transportkostengünstigste Standort, der tonnenkilometrische Minimalpunkt, bereits gefunden wurde, und stellt die Arbeitskostenorientierung als einen die Transportkostenorientierung überlagernden und Abweichungen („Ablenkungen") von ihr hervorrufenden Tatbestand dar. Um den Transportkostenminimalpunkt wird ein System von Niveaulinien, sog. „Isodapanen", gelegt, die jeweils alle Punkte miteinander verbinden, für die sich die Transportkosten um einen bestimmten Betrag erhöhen, wenn der Industriestandort vom Minimalpunkt hinweg an sie verlagert wird. Eine solche Verlagerung („Deviation") wird ein Arbeitsplatz, der niedrigere Arbeitskosten als der transportkostenoptimale Punkt aufweist, immer dann bewirken, wenn er innerhalb der Isodapane liegt, bei der diese „Kompression" der Arbeitskosten durch die Erhöhung der Transportkosten gerade ausgeglichen wird („kritische Isodapane"). Da die aus der Deviation resultierende Ersparnis um so größer ist, je geringer das Standortgewicht und je höher die Arbeitskosten je Tonne Produkt („Arbeitskostenindex") sind, hängt das Ausmaß der Arbeitsorientierung einer Industrie von dem Wert ab, der sich ergibt, wenn man den Arbeitskostenindex auf das Standortgewicht bezieht; *Weber* bezeichnet diesen Wert als „Arbeitskoeffizienten". Bei gegebenem Transportkostenniveau und gegebener Produktionsdichte (Betriebsdichte) wächst die Ablenkbarkeit der Industrie vom Transportkostenminimalpunkt zum günstigeren Arbeitsplatz mit der Höhe des Arbeitskoeffizienten; bei konstantem Arbeitskoeffizient werden fallendes Transportkostenniveau und steigende Produktionsdichte die Arbeitsorientierung erhöhen.

Wird die Voraussetzung einer „isolierten Produktion" fallen gelassen, so treten schließlich zu den Transport- und den Arbeitskosten als dritter Standortfaktor die „Agglomerationsvorteile" hinzu. *Weber* trennt hier die „zufällige" Agglomeration, die in der Ballung der Industrien an den Plätzen mit günstigen Arbeitskosten oder in der Gruppierung der Gewichtsverlustmaterial verarbeitenden Betriebe um die Fundorte besteht, von der „reinen" oder „technischen" Agglomeration, die sich wegen der aus der Agglomeration selbst resultierenden Kostenvorteile vollzieht, und schließt die zufällige Agglomeration von der Betrachtung aus. Für die technische Agglomeration gelten analoge Deviationsgesetze wie für die Ablenkung des Industriestandorts vom Transportkostenminimalpunkt durch die Arbeitskostenkompression. Auch hier gibt es kritische Isodapanen, auf denen die Transport- und Arbeitskostenerhöhung durch die sich aus der Agglomeration ergebende Kostensenkung gerade kompensiert wird, und zwar werden sich mehrere Betriebe dort zusammenballen, wo ihre sich gegenseitig überschneidenden kritischen Isodapanen ein gemeinsames Segment bilden. Die Tendenz zur Agglomeration wird um so größer sein, je höher die aus ihr resultierende Ersparnis und die Produktionsdichte, und je geringer das Standortgewicht und die Tarifsätze sind. –

Die Theorie *Webers* hat vom Zeitpunkt ihres Erscheinens her bis in die Gegenwart hinein eine große Zahl von kritischen Auseinandersetzungen hervorgerufen, in deren Verlauf kaum eine einzige These *Webers* völlig unangefochten blieb. Wir wollen uns hier jedoch eine eingehende Diskussion der *Weber*'schen Sätze ersparen und lediglich zu den bedeutsamsten Voraussetzungen und Folgerungen der Theorie kurz Stellung nehmen:

1. Die Konzeption *Webers* ist weniger ökonomischer als vielmehr technischer Art. Zwar enthält die Theorie einige Voraussetzungen, die dem System der kapitalistischen Marktwirtschaft entstammen (Privateigentum, Lohnarbeitsverhältnisse), doch gelten die Ergebnisse im Kern auch ohne diese Annahmen. Bei anderen, spezifisch „kapitalistischen" Erscheinungen wie dem Zins und der Grundrente wird interregionale Gleichheit vorausgesetzt; ihr Einfluß auf die Standortwahl wird also vernachlässigt. Einzig bei der angenommenen interlokalen Differenzierung der Arbeitskosten scheinen sozialökonomische Faktoren eine gewisse Rolle zu spielen, da *Weber* nicht nur Unterschiede in den Arbeitsproduktivitäten, sondern auch in den Nominallöhnen zu ihrer Erklärung heranzieht. Wird die Differenzierung der Arbeitskosten aber lediglich auf die unterschiedliche Produktivität der Arbeit bei gegebenem Kapitaleinsatz, also auf eine Verschiedenheit der natürlichen Anlagen der Arbeiter zurückgeführt, so ist die Standortwahl lediglich Produkt natürlich-technischer Gegebenheiten; sie hängt von Transportgewichten, Entfernungen, technischen Agglomerationsvorteilen und natürlichen

Arbeitsleistungsfähigkeiten ab. Dies entspricht der ausschließlichen Beachtung natürlich-technischer Standortfaktoren. *Weber* erfaßt also unter Ausklammerung aller sozialökonomischen Verhältnisse fast ausschließlich die technisch-rationale Dimension des Standortproblems. Diese Konzeption hat zwar den Vorteil, daß ihre Ergebnisse von einer bestimmten Wirtschaftsordnung und einem konkreten Gesellschaftssystem unabhängig sind; da sich die reale Standortwahl aber stets in einer bestimmten Wirtschaftsordnung und in einem konkreten Gesellschaftssystem vollzieht, ist es für die Wirklichkeitsnähe der Theorie sinnvoller, die tragenden Strukturelemente eines bestimmten sozio-ökonomischen Milieus in ihre Voraussetzungen hineinzunehmen, d. h. auch „gesellschaftlich-kulturelle" Standortfaktoren in die Analyse einzubeziehen.

2. Die Behauptung *Webers*, daß es sich bei den von ihm erörterten „natürlich-technischen" Standortfaktoren – Transportkosten, Arbeitskosten und Agglomerationsvorteile – und nur bei diesen um „generelle", in allen Industriezweigen „mehr oder weniger wirksame" Standortfaktoren handle, ist durchaus anfechtbar. Es ist offenkundig, daß für eine große Zahl von Industriezweigen die technische Agglomeration keine standortliche Bedeutung hat, und für den Standort einer vollautomatisierten Fabrik sind die Arbeitskosten ohne Belang; außerdem ist nicht einzusehen, warum der Einfluß des generellen Standortfaktors „Höhe der Grundrente" durch die Annahme ihrer interregionalen Gleichheit vernachlässigt wird. Im Prinzip ist zumindest die technische Agglomeration standortlich nicht genereller bedeutsam als etwa die Verderblichkeit der Produkte oder bestimmte Qualitäten des Bodens als Anlagegut; wie die Agglomerationsvorteile hauptsächlich in der Eisen- und Stahlindustrie standortlich von Belang sind, hat die Verderblichkeit der Produkte vor allem für die Standortwahl bestimmter Zweige der Nahrungsmittelindustrie und das Anlagegut „Boden" lediglich in der Förderindustrie Bedeutung. Die Unterscheidung zwischen „generellen" und „speziellen" Standortfaktoren ist also fragwürdig; die Bestimmung dessen, was als „genereller" Standortfaktor zu gelten hat, bedeutet letztlich, daß alle Industriezweige, für die andere

[9] Zur weiteren Kritik an der *Weber*'schen Einteilung der Standortfaktoren vgl. Abschnitt „Systematik der Standortfaktoren", S. 47 ff.

als die als „generell" bezeichneten Standortfaktoren von Bedeutung sind, von der Betrachtung ausgeschlossen werden[9].

3. Die *Weber*'schen Arbeitskostenüberlegungen setzen voraus, daß die für die Erzeugung benötigten Arbeitskräfte zu gegebenen Nominallöhnen überall verfügbar sind; dies bedeutet einmal, daß gesamtwirtschaftlich Unterbeschäftigung besteht, zum anderen, daß die Arbeitsleistungen entweder völlig fungibel, oder daß auch spezielle Arbeitsqualitäten praktisch „Ubiquitäten" sind. Gerade das Letztere ist nun in der Realität offenkundig nicht der Fall, vielmehr gibt es für die Spezialkräfte der einzelnen Branchen bestimmte regionale Schwerpunkte. Für die arbeitsorientierten Betriebe sind nur in gewissen Fällen die Arbeitskosten standortbestimmend, in der Regel ist jedoch die Qualität – und auch die Quantität – der Arbeit von grundlegender Bedeutung für die Standortwahl. Die These *Webers*, daß sich die Standorte der arbeitsorientierten Industrien aus einer Deviation vom tonnenkilometrischen Minimalpunkt im Hinblick auf die Ersparnis an Arbeitskosten erklären lassen, ist außerordentlich wirklichkeitsfremd. Die an der Arbeitsqualität orientierten Unternehmungen können lediglich zwischen den Standorten eine Wahl treffen, an denen die benötigten Spezialkräfte in hinreichendem Maße vorhanden sind, genau wie die verderbliche Produkte erzeugenden oder an der Bodenqualität orientierten Industriebetriebe nur zwischen den jeweiligen Konsumzentren bzw. Urstofflagern wählen können.
4. Die eigentliche Stärke und zugleich der Kern der *Weber*'schen Theorie liegt in der Analyse der Transportkosten in ihrer Bedeutung für den Standort der Gewichtsverlustmaterial verarbeitenden materialorientierten Industrie. Insbesondere ist die Standortproblematik der Schwerindustrie, vor allem der Eisen- und Stahlerzeugung, zutreffend erfaßt worden. Wie die Beispiele *Webers* annehmen lassen – es werden immer wieder Kohle und Erze zur Verdeutlichung herangezogen – war sein Interesse auch vorzüglich auf diesen Industriezweig gerichtet. Aber auch hier sind einige kritische Hinweise vonnöten. Die von *Weber* als allgemeine Tendenz aufgestellte These, daß der transportkostengünstigste Standort lediglich von der Größe des Materialindex' bzw. des Standortgewichts abhängt, stimmt – wie die dargestellten Fälle der Standortkasuistik beweisen – nur dann, wenn ausschließlich Ubiquitäten verbraucht werden oder

die lokalisierten Materialien sich an einem Ort befinden, wenn die Standortfigur also durch einen Punkt oder eine Strecke dargestellt wird. Ubiquitäten beeinflussen nur dann den optimalen Standort, wenn sie ihr Gewicht bei der Produktion nicht völlig verlieren; andernfalls ist ihre Verarbeitung ohne standortliche Bedeutung. Die Ergebnisse, die sich aus der Materialindexrechnung ergeben, können durch die Existenz von degressiven Frachttarifen und im Hinblick auf die Dichte des Verkehrsnetzes stark modifiziert werden. Vor allem aber wird die Konstruktion der Standortfiguren dadurch fragwürdig, daß gerade die Schwerindustrie keineswegs nur einen Konsumort beliefert, sondern über ein ausgedehntes Absatzgebiet verfügt, also eine große Zahl von Absatzmärkten beschickt.

5. Ein prinzipieller Mangel der *Weber*'schen Theorie liegt schließlich darin, daß die Einflüsse, die von der Absatzseite her auf die Standortwahl der Industrie ausgehen, gewissermaßen von vornherein ausgeklammert werden. Wie es zur Bestimmung des Konsumortes kommt, der in die Standortfigur einer Industrie eingeht, wird nicht gesagt. Dies kann einmal bedeuten, daß die Absatzmöglichkeiten des vor der Standortwahl stehenden Betriebes überall gleich sind, daß also eine interregionale Differenzierung der Absatzverhältnisse nicht besteht. Will man *Weber* diese unrealistische Annahme nicht unterstellen, so muß man mindestens voraussetzen, daß der in die Standortfigur eingehende Konsumort der von allen Konsumorten günstigste ist; aus der *Weber* schen Theorie geht jedoch nicht hervor, welche speziellen Umstände (Absatzfaktoren) einen bestimmten Ort zum absatzgünstigsten Ort werden lassen[10]. Die Theorie setzt also die gesamte Absatzproblematik als bereits gelöst voraus. Das Operieren mit Standortfiguren ist ferner nur dann möglich, wenn die Produktpreise am vorab gewählten Konsumort für den Industriebetrieb gegeben sind, und wenn die geplante Absatzmenge zu diesem Preis untergebracht werden kann, ohne daß hierdurch Preisveränderungen hervorgerufen werden; nur dann sind der kostenminimale und der gewinnmaximale Standort miteinander identisch. Dies würde bedeuten, daß Preise und Absatzmengen entweder staatlich-zentraler Planung

[10] Vgl. hierzu Abschnitt „Absatz und Standort" S. 68 ff.

oder kartellarischen Abreden unterliegen, oder daß sich der Betrieb in der Marktform homogener atomistischer Konkurrenz befindet. Diese Bedingungen sind für die heutigen marktwirtschaftlich arbeitenden Betriebe jedoch keineswegs typisch; es überwiegen vielmehr die Formen der heterogenen polypolistischen oder oligopolistischen Konkurrenz, und hier kann von gegebenen Preisen und gegebenen Absatzmengen keine Rede mehr sein. Gerade unter diesen Voraussetzungen aber ist die Analyse der Standortfaktoren, von denen die betriebliche A b s a t z l a g e bestimmt wird, unerläßlich.

III. Die neuere Entwicklung der Standorttheorie

Im Anschluß an *Weber* und in Auseinandersetzung mit seiner Lehre vollzieht sich die Entwicklung der Standorttheorie unter zwei sich deutlich voneinander abhebenden Zielsetzungen:

1. Im Gegensatz zur Theorie *Webers*, die kraft ihrer Beschränkung auf rein technische Kriterien durch Systemunabhängigkeit in ökonomischer und soziologischer Hinsicht ausgezeichnet sein sollte, wird versucht, die Theorie in ökonomischen Kategorien zu konzipieren, und zwar auf Bedingungen abzustellen, die spezifisch dem System der Verkehrswirtschaft angehören. Hiermit ist einmal die Notwendigkeit verbunden, den Dualismus zwischen landwirtschaftlicher und industrieller Standortlehre durch eine einheitliche Konzeption aufzuheben, zum anderen, die Isoliertheit der bisherigen Standortlehre von der allgemeinen Wirtschaftstheorie zu überwinden und die Standorttheorie in die moderne Preistheorie zu integrieren (Erweiterung der Standortlehre zur Raumwirtschaftstheorie). Ziel dieser Bemühungen soll der Aufweis sein, wie der Standort der Betriebe in die Interdependenz aller ökonomischen Tatbestände eingegliedert ist[11].
2. Während diese Versuche die Übertragung der Standortproblematik aus der technischen Sphäre *Webers* in den wirtschaftlichen Bereich

[11] Die Darstellung der Auffassungen neuerer Standorttheoretiker mußte leider sehr kurz gefaßt werden. Es ist versucht worden, vor allem die Leitgedanken aufzuzeigen, wobei manchmal nur ein schwaches – unvollständiges – Gerüst gezeichnet werden konnte. Der Leser wird um Verständnis für die aus Raumgründen erforderliche Kürzung des theoriegeschichtlichen Teils gebeten und hinsichtlich der hier behandelten (oder zurückgestellten) Autoren auf das ausgezeichnete Werk von Hans Ulrich *Meyer-Lindemann*: Typologie der Theorien des Industriestandorts, Bremen-Horn 1951, verwiesen. Weitere Buch- und Zeitschriftenveröffentlichungen enthält das ausführliche Literaturverzeichnis.

zum Inhalt haben, ist eine andere Gruppe von Forschern bestrebt, die Analyse durch Aufgabe der *Weber*'schen Abstraktion vom Gesellschaftssystem auf die historisch-soziologischen Einflüsse der Standortverteilung und ihre Dynamik auszudehnen. Dieser Aufgabe gemäß tritt die modell-konstruktive Methode der mathematisch orientierten reinen Theorie zurück; es wird vielmehr versucht, mit idealtypischen, strukturellen und ganzheitlichen Kategorien eine geschichtliche Theorie und eine ontologische Wesensanalyse zu erstellen. Bei einigen Autoren dieser Forschungsrichtung wechselt das Erkenntnisziel bereits in die wirtschaftspolitische Sphäre hinüber; die Ergebnisse sollen geeignet sein, der wirtschaftlichen Raumordnung und der ökonomischen Raumforschung die theoretischen Grundlagen zu liefern.

In der Reihe der erstgenannten Autoren ist zunächst auf *Oskar Engländer*[12] einzugehen, der es unternimmt, die punktuelle Standortbestimmung *Webers* mit Hilfe grenznutzentheoretischer Denkschemata zu einer flächenhaften Darstellung zu erweitern. Es werden die Erzeugungs- und Absatzgebiete für eine Reihe von Güterarten untersucht, die sich aus der Anwendung verschiedener, vornehmlich grenznutzentheoretisch begründeter Klassifikationsmerkmale ergeben. Der erste Teil der Theorie ist eine „Lehre vom Markt", in der die Bestimmungsgründe der Bezugs- und Absatzradien für Güter erster Ordnung (Genußgüter) demonstriert werden. Wird dabei von einem zentral gelegenen Erzeugungsort innerhalb flächenhaft gestreuter Konsumplätze ausgegangen, so bestimmt sich der Absatzradius dieses Erzeugungsortes durch den Marktpreis am Produktionszentrum, durch die Preiswilligkeit der Abnehmer und die Höhe der Frachtrate. Gruppieren sich hingegen die Erzeugungsbetriebe um einen einheitlichen Konsumort, so ist umgekehrt die Entfernung, innerhalb deren sich die Produktion lohnt (die Größe des Bezugsgebiets), vom Marktpreis am Konsumort, von den Kosten der Erzeugungsbetriebe und der Höhe der Frachtrate abhängig.

[12] *Engländer, Oskar*: Theorie des Güterverkehrs und der Frachtsätze, Jena 1924. Ferner: Kritisches und Positives zu einer allgemeinen reinen Lehre vom Standort. Zeitschrift für Volkswirtschaft und Sozialpolitik, Neue Folge Band V (1926), und: Artikel „Standort" im Handwörterbuch der Staatswissenschaften, 4. Auflage, Jena 1926.

Im zweiten Teil seiner Theorie, der „Lehre vom Standort", sucht *Engländer* zu bestimmen, von welchen Tatbeständen die Wahl des Ortes abhängt, an dem sich die Umwandlung von Gütern höherer Ordnung (Erzeugungsgüter) in Genußgüter vollzieht. *Engländer* gelangt hier – wenngleich in anderem terminologischen Gewande – zu ähnlichen Ergebnissen wie *Weber*, geht jedoch insofern über *Weber* hinaus, als er die Wirkungen einbezieht, die von der Höhe der Frachtrate und der Struktur des Beförderungstarifs ausgehen.

Während *Engländers* standorttheoretische Überlegungen in der Begriffswelt der Grenznutzenschule wurzeln, versucht *Andreas Predöhl*[13] mit einem analytischen Werkzeug zu operieren, das der neoklassischen Theorie *Alfred Marshalls* und *Gustav Cassels* entstammt: dem Substitutionsprinzip. Dieses allgemeine wirtschaftstheoretische Erklärungsprinzip sagt aus, daß bei der Wahl zwischen mehreren Produktionsmittelkombinationen gleichen Ertrages die einzelnen Produktionsmittel so lange gegeneinander substituiert werden, bis die Produktionsmethode mit den geringsten Kosten, die Minimalkostenkombination, gefunden ist. Sie ist gegeben, wenn die Kosten für die Menge des substituierten Gutes gleich den Kosten der Menge des substituierenden Gutes sind (Substitutionsgleichgewicht). *Predöhl* wendet diesen Gedanken auf die räumliche Lagerung der Erzeugung an und sucht das Standortproblem als Spezialfall des allgemeinen Substitutionsproblems zu deuten. Da durch jede Verschiebung des Produktionsstandorts das Verhältnis zwischen den eingesetzten Boden-, Arbeits- und Kapital- und Transportleistungen geändert wird, stellen auch Standortveränderungen letztlich stets Substitutionsprozesse dar. Eine größere Annäherung des Erzeugungsortes an den Konsumplatz etwa bedeutet die Substitution der Boden- und Transportleistungen durch Kapital- und Arbeitsaufwendungen, während im umgekehrten Fall die Kapital- und Arbeitsaufleistungen durch Boden- und Transportaufwendungen substituiert werden. Bei der Suche nach dem Substitutionsgleichgewicht durch Standortvariation ergeben sich daher mehrere Substitutionspunkte: der erste

[13] *Predöhl, Andreas:* Das Standortproblem in der Wirtschaftstheorie. Weltwirtschaftliches Archiv, Band 21 (1925), und: Von der Standortslehre zur Raumwirtschaftslehre, Jahrbuch für Sozialwissenschaften, Band 2 (1951). Ferner: The Theory of Location in its Relation to General Economics, Journal of Political Economy, Vol. XXXVI (1928).

Substitutionspunkt liegt dort, wo das Verhältnis der Bodenleistung zum Kapital- und Arbeitsaufwand optimal ist, der zweite dort, wo zwischen Kapital- und Arbeitsaufwand einerseits und Transportleistungen andererseits Gleichgewicht besteht. Ist die Durchführung der Produktion nur mit Hilfe von Leistungen vorgelagerter Wirtschaftsstufen (Vorleistungen) möglich, so tritt ein weiterer Substitutionspunkt hinzu, der durch das Substitutionsverhältnis zwischen dem Antransport der Vorleistungen und dem Abtransport der Fertigprodukte bestimmt ist. Werden mehrere vorgelagerte Produktionsstufen und weitere Konsumorte in den Kalkül einbezogen, so ergibt sich schließlich ein System von Substitutionspunkten, das die räumliche Lagerung der Produktion determiniert. Damit die aus den jeweiligen Veränderungen der Erzeugungsorte resultierenden Substitutionsvor- und -nachteile exakt gemessen werden können, müssen die regionalen Preisdifferenzen der Produktionsmittel fiktiv zu Mengenunterschieden umgedeutet, d. h. höhere Löhne, Frachtsätze, Bodenrenten auf einen jeweils erforderlichen Mehreinsatz an Arbeits-, Transport- und Bodenleistungen umgerechnet werden. Das Substitutionsgleichgewicht ergibt sich durch kontinuierliche Mengenvariation.

Der Gedanke der Fruchtbarmachung des Substitutionsprinzips für die Standorttheorie wurde, unabhängig von *Predöhl*, insbesondere von den amerikanischen Autoren *Edgar M. Hoover* jr. und *Walter Isard* aufgegriffen und weitergeführt.

Hoover[14] untersucht die räumlichen Fluktuationsvorgänge der Produktionsmittel und verwendet für ihre Erklärung das Grenzproduktivitätstheorem, das sich vom Substitutionsprinzip nur der Formulierung, nicht aber der Sache nach unterscheidet; es besagt, daß ein Produktionsfaktor immer dann seinen Standort wechseln wird, wenn sich seine Grenzproduktivität hierdurch erhöht. Im *Hoover*'schen Modell werden zwei Wirtschaftsgebiete A und B mit einer konstanten Gesamtmenge an den vollbeweglichen Produktionsmitteln Kapital und Arbeit und mit gleichen, unveränderlichen Lohnsätzen unterstellt, und es wird gefragt, wie sich diese Gesamtmenge auf die beiden Gebiete verteilt. Nach dem Grenzproduktivitätsprinzip werden Kapital und Ar-

[14] *Hoover* jr., *Edgar M.*: Versuch einer Theorie der raumwirtschaftlichen Umgliederung. Weltwirtschaftliches Archiv, 1938. Ferner: The Location of Economic Activity. New York/Toronto/London 1948.

beit so lange Wanderungsbewegungen vollziehen, bis alle örtlichen Unterschiede ihrer Grenzproduktivitäten ausgeglichen sind, bis also durch die Übertragung der letzten Faktoreinheit die Produktion des einen Gebietes um die gleiche Menge wächst, um die sie im anderen Gebiet abnimmt. Bei dieser Konstellation ist der gesamte Produktionsumfang maximal, das Substitutionsgleichgewicht ist erreicht.

Walter Isard[15] geht von einer Kritik des *Predöhl*'schen Ansatzes aus, in der die Rezeption der *Cassel*'schen Gleichgewichtstheorie mit dem Argument abgelehnt wird, daß eine Identifizierbarkeit des punktuell gedachten Gleichgewichts *Cassels* mit einem räumlichen nur im Grenzfall der örtlichen Konzentration von Angebot und Nachfrage gegeben ist. Die relative Unbeweglichkeit der Produktionsfaktoren und der zur Güterbeförderung erforderliche Transportaufwand schaffen jedoch Teilmärkte, so daß zur Ableitung des räumlichen Gleichgewichts mit dem Modell der unvollkommenen Konkurrenz gearbeitet werden muß. Die begrenzte Teilbarkeit der Produktionsmittel und die regionalen Differenzierungen der Faktorpreise lassen eine kontinuierliche Mengenvariation im Sinne *Predöhls* nicht zu. Die räumlichen Anpassungsvorgänge können daher nur als diskontinuierliche Substitutionen der „Outlays" (Kosten), nicht der „Inputs" (Mengen) gedeutet werden.

Mit ähnlichen Einwänden wie *Isard* hatte bereits *Tord Palander*[16] die zur Eingliederung der Standorttheorie in die allgemeine Preistheorie unternommenen Versuche kritisiert. Die räumlichen Entfernungen zwischen den Anbietern und Nachfragern und die zu ihrer Überwindung erforderlichen Transportkosten beschränken die Zahl der Marktteilnehmer und spalten die Märkte, bzw. differenzieren (heterogenisieren) die Produkte, so daß in der räumlichen Dimension die Bedingungen des Modells der vollständigen Konkurrenz nicht erfüllt sind. Standorttheoretische Aussagen können daher nur mit Hilfe von Theoremen getroffen werden, die für monopolistische Marktformen gelten. Da ferner der Reagibilitätsgrad der standortlichen Anpassungsvorgänge nicht unendlich groß ist, Standortverschiebungen mithin stets dynami-

[15] *Isard, Walter*: The General Theory of Location and Space-Economy. Quarterly Journal of Economics, Vol. LXIII, Heft 4, Cambridge/Mass. 1949. Ferner: Location and Space-Economy. A General Theory relating to Industrial Location, Market Areas, Land Use, Trade and Urban Structure. New York – London 1956.

[16] *Palander, Tord*: Beiträge zur Standorttheorie, Uppsala 1935.

scher Art sind, steht der Anwendbarkeit der Preistheorie zudem ihr statischer Charakter entgegen; eine allgemeine preistheoretische Lösung des Standortproblems setzt also eine voll ausgestaltete dynamische Theorie voraus. *Palander* beschränkt sich daher auf eine partialanalytische Betrachtung. Er untersucht die einzelwirtschaftlichen Anpassungsprozesse an geänderte Angebots- und Nachfrageverhältnisse unter den Voraussetzungen der Gewinnmaximierungshypothese und der Bewegung der Produktionsfaktoren zu den Orten des höchsten Ertrages und zeigt die Friktionen auf, die aus räumlichen Rigiditäten entstehen; dabei werden in weitgehender Wirklichkeitsnähe die Unterschiedlichkeit der Verkehrsverhältnisse, der Tarifsysteme und der Marktformen für Verkehrsleistungen berücksichtigt.

Von einem anderen Ansatz her versucht *Bertil Ohlin*[17] die Standortfrage in die allgemeine wirtschaftstheoretische Problematik einzugliedern. Da das Standortproblem immer dann auftaucht, wenn die Beweglichkeit der Produktionsmittel Beschränkungen unterliegt, andererseits die neoklassische Preistheorie punktuell gedachte Märkte mit unendlich großer Faktormobilität voraussetzt, ist die Standorttheorie letztlich mit der Theorie des internationalen Handels identisch; denn erst durch die Unbeweglichkeit der Produktionsfaktoren über die Landesgrenzen hinweg kommt es zu Außenhandelsbeziehungen, da der Austausch von Produktionsfaktoren durch den Austausch von Waren ersetzt werden muß. *Ohlin* erweitert die klassische Außenhandelstheorie durch Aufgabe des institutionellen Kriteriums der Landesgrenze zu einer Theorie des interregionalen Handels und zeigt, wie aus der regionalen Unterschiedlichkeit der Produktionsmittelknappheit die interregionale Produktionsdifferenzierung resultiert. Zugleich wird das Ricardianische Theorem der komparativen Kosten zu einem Theorem der komparativen Preise modifiziert. Da die Beweglichkeit der Produktionsfaktoren jedoch vielfach auf engste Räume beschränkt ist, kann die interregionale Betrachtung durch eine interlokale ersetzt werden, so daß die Analyse schließlich in eine Theorie der lokal gebundenen Produktionsfaktoren mündet. In einer solchen Mehr-Markt-Theorie, die sich als Erweiterung der einen einzigen Markt zugrunde legenden Preistheorie erweist, werden die Zu-

[17] *Ohlin, Bertil:* Handels teori, Stockholm 1924, und: Interregional and International Trade, Cambridge 1933.

sammenhänge zwischen räumlicher Bindung der Produktion, Binnenhandel, Außenhandel und internationaler Arbeitsteilung systematisch erfaßt.

August Lösch[18] knüpft an die Grundgedanken *Palanders* an, verwirft jedoch dessen analytische Herauslösung des einzelwirtschaftlichen Anpassungskalküls aus dem gesamtwirtschaftlichen Zusammenhang mit dem Argument, daß von der Standortwahl jedes einzelnen Anbieters Wirkungen auf die Standortwahl anderer Anbieter ausgehen. Daher besteht zwischen den einzelwirtschaftlichen Standorten ein Wechselwirkungszusammenhang, der es gestattet, analog zur Interdependenz der Preise von einer I n t e r d e p e n d e n z d e r S t a n d o r t e zu sprechen und der eine gesamtwirtschaftliche Analyse notwendig macht. *Lösch* geht unter Zurückweisung einer einseitigen Betonung der Kosten oder Absatzorientierung von der Ausrichtung der Standortwahl an der Gewinnhöhe aus. Der bei jedem möglichen Standort erzielbare Gewinn ist aus den Kosten- und Nachfragefunktionen festzustellen, und hernach ist der durch das Gewinnmaximum charakterisierte optimale Standort zu ermitteln. Die Vielzahl der Variablen schließt jedoch eine exakte theoretische (mathematische) Problemlösung aus; daher gibt es – nach *Lösch* – letztlich keine wissenschaftlich eindeutige, sondern nur eine praktische Lösung des einzelwirtschaftlichen Standortproblems im Wege des Probierens. Ein gesamtwirtschaftliches räumliches Gleichgewicht aus einem System praktisch nicht lösbarer Gleichungen läge vor, wenn folgende Voraussetzungen erfüllt sind: (a) die Standortwahl der Erzeuger und Verbraucher vollzieht sich nach den Prinzipien der Gewinn- und Nutzenmaximierung, (b) die Vielzahl der Standorte bedingt eine totale Ausnutzung des verfügbaren Raumes, (c) das Konkurrenzprinzip eliminiert die Gewinne durch Reduktion der Preise auf die Kosten, (d) der Umfang der Absatz- und Bezugsgebiete ist minimal, (e) an ihren Grenzen besteht bezüglich der Zugehörigkeit der Anbieter und Nachfrager zu einem dieser Gebiete Indifferenz. – Durch ein solches Gleichungssystem sind die Ausdehnung der Marktbereiche, die örtliche Lagerung der Produktion und die Werkpreise determiniert.

[18] *Lösch, August*: Um eine neue Standorttheorie. Weltwirtschaftliches Archiv, 54. Band (1941). Ferner: Die räumliche Ordnung der Wirtschaft, 2. Auflage, Jena 1944, und: Beiträge zur Standorttheorie, Schmollers Jahrbuch, 62. Jg., 1. Halbband (1938).

Leonhard Miksch[19] weist nachdrücklich die These *Palanders* zurück, daß die Einbeziehung der räumlichen Dimension in die ökonomische Theorie die Notwendigkeit mit sich bringe, das Modell der vollständigen Konkurrenz durch das der unvollständigen Konkurrenz zu ersetzen[20]. Um zu demonstrieren, daß auch raumwirtschaftstheoretisch sehr wohl mit dem Modell der vollständigen Konkurrenz gearbeitet werden kann, versucht er, alle denkbaren räumlichen Konstellationen zwischen Angebot und Nachfrage in vier Modellen systematisch zu erfassen:

1. Modell: Sowohl das Angebot als auch die Nachfrage sind konzentriert, und zwar entweder an einem Ort – dann handelt es sich infolge des Wegfalls jeglicher Transportkosten um den nicht-räumlichen, punktuellen Markt der allgemeinen Theorie – oder an verschiedenen Orten, wie es vor allem im Außenhandel der Fall ist.
2. Modell: Die Nachfrage ist konzentriert, das Angebot gestreut; dies entspricht – da die Produktion von Bodenerzeugnissen nicht konzentriert werden kann – den landwirtschaftlichen Verhältnissen und daher dem Thünen'schen isolierten Staat.
3. Modell: Das Angebot ist konzentriert, die Nachfrage gestreut; dies ist für die industrielle Produktion typisch.
4. Modell: Sowohl das Angebot als auch die Nachfrage sind gestreut; diese Konstellation überwiegt in der Distributionssphäre und bei der Verarbeitung von Ubiquitäten, also besonders beim Einzelhandel und im Handwerk.

Nur bei diesem letzten Modell liegt enge Lokalisierung der Märkte und damit unvollständige Konkurrenz vor; in den anderen drei Modellen sind dagegen die Bedingungen der vollständigen Konkurrenz realisiert. Aber auch im vierten Modell sind die Monopolstellungen zu schwach,

[19] *Miksch, Leonhard*: Zur Theorie des räumlichen Gleichgewichts. Weltwirtschaftliches Archiv, Bd. 66 (1951).

[20] *Miksch* hat die Tragweite einer solchen Konsequenz hinreichend erkannt, wenn er schreibt, daß diese „Behauptung, wenn sie zutreffend wäre, zugleich über die ganze Gleichgewichtstheorie den Stab brechen würde. Denn die wirkliche Wirtschaft ist eine räumlich ausgedehnte Wirtschaft. Gäbe es also im Raume keine vollständige Konkurrenz, so gäbe es überhaupt keine vollständige Konkurrenz, und die Gleichgewichtstheorie wäre dann nichts anderes als ein interessantes Gedankenspiel unter Voraussetzungen, die sich niemals realisieren lassen" (a.a.O., S. 6).

um die Wirksamkeit der Gleichgewichtstendenz aufzuheben. *Miksch* betrachtet dieses vierte Modell sogar als das geschichtlich originäre, da hier die Standortverteilung ausschließlich von natürlichen Daten bestimmt wird und sich ein „absolutes", optimales Standortsystem ergibt. Unter den historischen Daten, die im Laufe der wirtschaftlichen Entwicklung zu den natürlichen traten, sind es vor allem die produzierten Produktionsmittel, an deren Standorten sich die weitere Standortverteilung orientierte, so daß sich Agglomerationszentren herausbildeten, die das „absolute", optimale Standortsystem verzerren. Das räumliche Gleichgewicht, das sich unter Einbeziehung aller vier Grundkonstellationen bei sukzessiver Standortwahl ergibt, repräsentiert daher kein absolutes, sondern nur ein relatives Optimum des Güteraustauschs, und auch dies nur, wenn freie Beweglichkeit für Waren, Kapital und Arbeit besteht. Wird die Beweglichkeit beschränkt, so vermindert sich die Optimalität; diese Entfernung vom Optimum kann jedoch dadurch verringert werden, daß sich jede Region auf die Standorte spezialisiert, die ihr einen komparativen Vorteil gewähren.

Die Brücke von der rein theoretischen Betrachtung des Standortproblems zur historisch-soziologischen Standortlehre schlug *Hans Ritschl*[21], der eine dynamische Analyse nicht nur der Verarbeitungsorte, sondern auch der Material-, Kraftstoff- und Hilfsstofflager, der Verbrauchsorte, Absatzgebiete und Arbeitsplätze anstrebt. Hierbei wird ein als autarkes Wirtschaftsganzes definierter Wirtschaftskreis zugrunde gelegt. Im geschichtlichen Wachstumsprozeß dieses Wirtschaftskreises sinken die Frachtkosten und steigt die Versandfähigkeit der Güter, so daß sich die Standortstruktur in der Weise verschiebt, daß die Zahl der Standorte abnimmt und flächengebundene Produktionen sich auf größere Gebiete ausdehnen. Dieser Sachverhalt macht eine dynamische Standortlehre erforderlich, die Ritschl in eine reine und eine historische Bewegungslehre aufgliedert. Während in der reinen Theorie die Standortumschichtungen analysiert werden, die von einer Änderung der Standortfaktoren (Bedarf, Frachtgewichte, Steuern, Zinssätze usw.) bei „voller Kostenrechnung" ausgehen, wird in der

[21] *Ritschl, Hans*: Reine und historische Dynamik des Standorts der Erzeugungszweige, Schmollers Jahrbuch, 51. Jahrgang (1927). Ferner: Aufgaben und Me-

historischen Bewegungslehre diese Voraussetzung fallen gelassen und die Standortentwicklung im Rahmen der einzelnen geschichtlichen Wirtschaftsstufen untersucht.

Karl C. Thalheim[22] übersetzt das Standortproblem vollends aus der quantitativen Sphäre der reinen Theorie in den qualitativ-ganzheitlichen Bereich. Er betrachtet den Raum als einen Faktor, der zusammen mit anderen Faktoren (Volk, Wirtschaftsgesinnung, Technik und Wissenschaft, politische Gestaltung) die Struktur der Volkswirtschaft bestimmt und sieht in der Standortverteilung, die als räumliche Lagerung der gesamten produktiven Kräfte aufgefaßt wird, ein volkswirtschaftliches Strukturelement neben der Proportionierung der Wirtschaftszweige, den Betriebsgrößenverhältnissen, der Eigentumsverteilung, der sozialen Schichtung u. a. Je nach der Beschaffenheit der Strukturelemente und also auch der Standortverteilung erhalten die Volkswirtschaften bestimmte idealtypische Züge, die sich erst einer verstehenden Betrachtung erschließen und spezifische Strukturgesetzlichkeiten als Sinnzusammenhänge implizieren.

Friedrich Bülow[23] sucht die durch isolierende Abstraktion von allen anderen Lebensbereichen gekennzeichnete rein ökonomische Behandlung des Standortproblems zugunsten einer volksorganischen Standortlehre zu überwinden und in ganzheitlicher Betrachtung die sozialen, volks- und kulturpolitischen Belange in die Analyse einzubeziehen. Die Frage der optimalen Standortwahl ist dann nicht mehr mit quantitativen Kosten- und Ertragserwägungen zu beantworten, sondern erheischt die Berücksichtigung auch der qualitativ-wertmäßigen Gesichtspunkte. Hiermit geht *Bülow* über die geschichtliche Theorie hinaus und begreift die Standortfrage als Gestaltungsproblem der räumlichen Lebensgrundlagen, letztlich also als Problem der menschlichen Daseinsgestaltung.

thoden der Standortslehre, Weltwirtschaftliches Archiv, Band 53 (1941), und: Artikel „Standort und Standortlehren" im Handwörterbuch der Betriebswirtschaft, 3. Auflage, Stuttgart 1958.

[22] *Thalheim, Karl C.:* Aufriß einer volkswirtschaftlichen Strukturlehre, Zeitschrift für die gesamte Staatswissenschaft Band 99 (1939).

[23] *Bülow, Friedrich:* Gedanken zu einer volksorganischen Standortlehre. In: Raumforschung und Raumordnung (RFuRO), 1937. Ferner: Zur Standorttheorie des Wirtschaftsliberalismus. RFuRO 1937, und: Standortlehre und Raumordnung RFuRO 1938.

Auch *Erich Egner*[24] verwirft vom historisch-soziologischen Ansatz her die einseitig marktmechanistische Behandlung des Standortproblems, da sie der heutigen Realität nicht mehr gerecht wird, standortrelevante Tatbestände in den Datenkranz verweist und die Ertragsmaximierung als alleiniges Kriterium zugrunde legt. Eine ontologische Wesensanalyse, in der Egner die geschichtliche Theorie zu verankern sucht, erweist jedoch den Standort nicht nur als einzelwirtschaftlichen Kostenfaktor, sondern darüber hinaus als gruppenwirtschaftlichen Versorgungsfaktor und schließlich als volkswirtschaftlichen Lebensraum. Für den Standort als Versorgungsfaktor tritt gegenüber dem Kostengesichtspunkt die Unterhaltssicherung der Gruppe in den Vordergrund, während für den Standort als Lebensraum eine Vielzahl spezifisch sozial- und bevölkerungspolitischer Ziele maßgeblich ist. Aus einer Würdigung dieser Tatbestände ergeben sich schließlich standortpolitische Leitsätze, die bereits in die Theorie der Raumwirtschaftspolitik fallen.

[24] *Egner, Erich*: Wirtschaftliche Raumordnung in der industriellen Welt, Abhandlung zur industriellen Standortpolitik. Veröffentlichungen der Akademie für Raumforschung und Landesplanung, Bremen-Horn 1950. Ferner: Möglichkeiten und Grenzen industrieller Standortpolitik, RFuRO 1948, und: Grundsätze für eine industrielle Standortpolitik in der deutschen Gegenwart, RFuRO 1948.

Zweiter Teil

Grundlagen einer betriebswirtschaftlichen und empirisch-realistischen Standortbestimmungslehre

I. Problemstellung und Methode

Nachdem die wesentlichsten Entwicklungen der Standorttheorie in knappen Zügen dargestellt wurden, wenden sich die Ausführungen nunmehr der Grundlegung einer betriebswirtschaftlichen und zugleich empirisch-realistischen Standortanalyse zu; dabei kennzeichnet der Ausdruck „betriebswirtschaftlich" die Problemstellung unserer Betrachtung, während die Bezeichnung „empirisch-realistisch" die Art unserer Betrachtungsweise umschreibt. Es gilt daher zunächst, die betriebswirtschaftliche Problemstellung und die empirisch-realistische Betrachtungsweise näher zu erläutern.

1. In betriebswirtschaftlicher Sicht erscheint das Standortproblem als spezifische Entscheidung über die Wahl des Betriebsstandorts; hieraus ergibt sich die für eine betriebswirtschaftliche Standortlehre grundlegende Aufgabe, das Problem der Standortwahl im System der betrieblichen Entscheidungen überhaupt zu verankern.

Die drei konstitutiven Gestaltungsakte, die jeder Betriebsgründung oder -umstellung vorangehen, geben Antwort auf die Fragen:

a) Was soll geleistet werden und wieviel soll je Zeiteinheit geleistet werden können? (Festlegung des Leistungsprogramms und der Betriebsgröße),
b) Womit soll die Leistung erstellt werden? (Festlegung der Methode der Leistungserstellung),
c) Ist die Leistungserstellung wirtschaftlich sinnvoll?

Diese Entscheidungen werden auf Grund dreier Vergleichsakte getroffen, die besonders *Schmalenbach*[25] hervorgehoben hat. Der Frage nach dem „Was" und dem „Wieviel" der Leistung entspricht der Vergleich „Nutzen gegen Nutzen", über das „Womit" der Leistungserstellung

[25] Vgl. *Schmalenbach, Eugen*: Pretiale Wirtschaftslenkung. Bd. I: Die optimale Geltungszahl. Bremen-Horn 1947, S. 16 ff.

entscheidet der Vergleich „Kosten gegen Kosten", und das „Ob" der Leistungserstellung hängt vom Vergleich „Kosten gegen Nutzen" ab. Nun sind die Kosten- und Nutzengrößen in räumlicher Hinsicht nicht gleich, sondern variieren mit dem Ort, an dem die Leistung erstellt wird. Daher hat jeder der drei Vergleichsakte zugleich eine räumliche Dimension; neben den Fragen nach dem „Was" und „Wieviel", dem „Womit" und dem „Ob" steht daher stets die Frage nach dem „Wo" der Leistungserstellung, die eine weitere konstitutive betriebliche Entscheidung verlangt[26]. Wird dabei vorausgesetzt, daß das Leistungsprogramm, die Betriebsgröße und die Erstellungsmethode bereits festliegen, so hängt die Entscheidung über die Durchführung der Leistungserstellung offenbar davon ab, ob ein Standort gefunden werden kann, der eine wirtschaftliche Relation zwischen der Nutzen- und der Kostengröße gewährleistet; die Leistungserstellung kann sich an einem Ort als sinnvoll erweisen, während sie an einem anderen unwirtschaftlich wäre. Hieraus ergibt sich, daß bei vorgegebenem „Was", „Wieviel" und „Womit" der Leistungserstellung, das „Ob" letztlich vom „Wo" abhängt. Hiermit ist die Problemstellung der betriebswirtschaftlichen Standortlehre und somit der vorliegenden Untersuchung umrissen: Gefragt wird nach dem Standort, der die Verwertung eines vorgegebenen Leistungsprogramms und seine Erstellung mit Hilfe einer ebenfalls festliegenden Methode in optimaler Weise ermöglicht. *Meyer-Lindemann*[27] belegt diese Art der Fragestellung treffend mit dem Terminus „Standortbestimmungslehre". Das methodische Prinzip dieses Vorgehens wurde zutreffend von *Rittershausen*[28] gekennzeichnet: „Das Unternehmen muß gleichzeitig ... verschiedene Entscheidungen treffen. Man nimmt nun an, daß alle außer einer schon festliegen, und nennt diese eine die variable. Von dieser bestimmt man nun das Optimum".

Die Bestimmung des optimalen Betriebsstandorts setzt nun interlokale Vergleiche über die Verwertbarkeit und die Erstellbarkeit des Leistungsprogramms voraus. Die Bedingungen, von denen beide Tatbestände abhängen, und die damit die Standortentscheidung maßgeblich beeinflussen, bezeichnen wir – im Anschluß an *Weber* – als „Standortfakto-

[26] Vgl. hierzu auch *Sandig, Curt:* Die Führung des Betriebes. Stuttgart 1952, S. 95 ff.

[27] *Meyer-Lindemann, Hans-Ulrich:* a.a.O., S. 68.

[28] *Rittershausen, Heinrich:* Wirtschaft. Frankfurt (Main) 1958, S. 178.

ren". Im Mittelpunkt einer betriebswirtschaftlichen Standortbestimmungslehre muß daher die Konzeption einer alle standortlich relevanten Tatbestände möglichst vollständig enthaltenden Systematik der Standortfaktoren stehen. Soll eine solche Standortbestimmungslehre darüber hinaus generelle Geltung, also den Charakter einer „Allgemeinen Standortbestimmungslehre" haben, so muß das Faktorensystem so angelegt werden, daß es grundsätzlich in allen speziellen Wirtschaftsbereichen anwendbar ist.
Betrachten wir die im ersten Teil dargestellten Standorttheorien unter dem Gesichtspunkt, inwieweit sie ihrer Problemstellung nach der betriebswirtschaftlichen Standortbestimmungslehre zuzurechnen sind, so zeigt sich, daß lediglich die Theorien *Webers, Engländers* und *Palanders* einzelwirtschaftlichen Charakter aufweisen [29], wobei vor allem die *Weber*'sche Theorie als klassischer Beitrag zur betriebswirtschaftlichen Standortbestimmungslehre zu werten ist. In der landwirtschaftlichen Standorttheorie *Thünens* ist die Problemstellung zwar auch zunächst betriebswirtschaftlicher Art – ihren volkswirtschaftlichen Charakter erhält diese Theorie erst dadurch, daß sie aus den Ergebnissen einzelwirtschaftlicher Standortüberlegungen die regionale Agrarstruktur des „Isolierten Staates" ableitet –, jedoch wird hier die Fragestellung umgekehrt: Es wird nicht nach dem optimalen Standort bei gegebenem Leistungsprogramm (d. h. gegebener Bodenverwendung) und gegebener Erstellungsmethode (d. h. gegebenem Betriebssystem) gefragt, sondern umgekehrt die Anpassung der Bodenverwendung und des Betriebssystems an einen gegebenen Standort untersucht. Nach der Terminologie *Meyer-Lindemanns* wäre die *Thünen*'sche Lehre daher als betriebswirtschaftliche „Standortwirkungslehre" zu bezeichnen [30].
Die zur neueren reinen Standorttheorie gehörigen Schriften sind dagegen – mit Ausnahme der Beiträge *Engländers* und *Palanders* – zur volkswirtschaftlichen Standortlehre zu rechnen. Gegenstand dieser Theorien ist der wechselseitige Zusammenhang zwischen der gesamtwirtschaftlichen Standortstruktur einerseits und der regionalen Verteilung der Preise und Angebots- und Nachfragemengen und damit der betrieblichen Bezugs- und Absatzgebiete andererseits: Die Standort-

[29] Von den nicht näher dargestellten Schriften ist ferner die von *Launhardt* zur betriebswirtschaftlichen Problemstellung zu zählen.

[30] *Meyer-Lindemann, Hans-Ulrich,* a.a.O., S. 68.

struktur ist in der verkehrswirtschaftlichen Ordnung – läßt man den Faktor „Güterqualität" außer acht – einerseits von Angebotsmengen und Angebotspreisen, andererseits von Nachfragemengen und Nachfragepreisen abhängig, wobei sich jene in den Kosten, diese in den Erlösen der Unternehmungen niederschlagen. Zugleich aber werden die Angebots- wie die Nachfragegrößen von der Standortstruktur bestimmt. Über die Preise und die Angebots- und Nachfragemengen hinweg besteht eine Interdependenz der Standorte und über die Standorte hinweg eine Interdependenz der Preise und der Angebots- und Nachfragemengen. Die volkswirtschaftlichen Standorttheorien sind daher als makroökonomische Totalanalysen notwendig kombinierte Standortbestimmungs- und Standortwirkungstheorien, während die betriebswirtschaftliche Problemstellung stets partialanalytisch-mikroökonomischer Art ist und daher entweder zur Standortbestimmungs- oder zur Standortwirkungslehre führt[31]. Isolierte Betrachtungen von Standortwirkungen gehören indessen nicht zur Standortlehre im eigentlichen Sinne, da bei ihnen das Problem nicht in der Standortwahl, sondern in den Tatbeständen liegt, deren Standortabhängigkeit untersucht wird; diese Tatbestände können volkswirtschaftliche Erscheinungen sein – hier sind es vor allem die Preise, deren Abhängigkeit von Standortkonstellationen in den preistheoretischen Partialanalysen *Chamberlins, Hotellings, Robinsons, Zeuthens* u. a. untersucht wurden –, oder sie können in betriebswirtschaftlichen Phänomenen bestehen, wie vor allen Dingen eben die betrieblichen Leistungsprogramme und Erstellungsmethoden. Da die isolierte Betrachtung von Standortwirkungen also nicht zur Standortlehre gehört, stellt die Bestimmung des optimalen Betriebsstandorts das eigentliche Problem der betriebswirtschaftlichen Standortlehre dar.

Fassen wir nun die im ersten Teil dargestellten historisch-soziologischen Standorttheorien unter diesem Gesichtspunkt ins Auge, so ergibt sich, daß hier zwei sehr unterschiedliche Problemstellungen vorliegen. Einmal nämlich wird der geschichtlich-genetische Prozeß der Standortbestimmungen und Standortwirkungen betrachtet – *Meyer-Lindemann* spricht hier von einer „Standortentwicklungslehre" –, zum anderen aber wird untersucht, nach welchen Zielen oder mit wel-

[31] Vgl. hierzu *Behrens, Karl Chr.*: Zur Typologie und Systematik der Standortlehren. In: Festschrift für *Friedrich Bülow*, Berlin 1960.

chen Mitteln die Standortstruktur staatlich-politisch gelenkt werden kann und gelenkt wird; für diese Problemstellung verwendet *Meyer-Lindemann* den Ausdruck „Standortgestaltungslehre“[32]. Während also die der ersten Fragestellung gewidmeten Untersuchungen im Rahmen der Volkswirtschaftslehre im Sinne einer „Seins-Lehre“ verbleiben, gehört die Standortgestaltungslehre bereits zur wissenschaftlichen Volkswirtschaftspolitik und stellt den Teil dieser Disziplin dar, den man – zusammen mit der empirischen Raumforschung – als „Lehre von der Raumwirtschaftspolitik“ oder als „Lehre von der wirtschaftlichen Raumordnung“ bezeichnet.

Nun ist es evident, daß die Standortgestaltungslehre nicht betriebswirtschaftlicher Art ist. Eine betriebswirtschaftliche Standortentwicklungslehre – die bisher kaum ausgebildet ist – hätte dagegen die Darstellung der Standortverlagerungen bestimmter Firmen oder Branchen im historischen Zeitablauf zum Inhalt. Da jedoch die Schilderung standortgeschichtlicher Entwicklungen zur Ableitung praktisch-betrieblicher Standortüberlegungen nicht hinreicht, steht die Standortbestimmungslehre im Vordergrund des betriebswirtschaftlichen Interesses.

2. Aus dem Gesagten ergibt sich, daß es vor allem die Theorie *Alfred Webers* ist, die hinsichtlich ihrer Problemstellung weitgehende Identität mit der vorliegenden Untersuchung aufweist, und der wir daher auch im theoriegeschichtlichen Teil vergleichsweise breiten Raum gewidmet haben.

Der Unterschied zwischen der Konzeption *Webers* und unserem Versuch liegt jedoch auf methodischer Ebene: während es *Weber* auf eine reine Theorie ankam, die exakte quantitative Aussagen ermöglicht, soll unsere Betrachtung den Charakter einer empirisch-realistischen Standortlehre haben. Daher gilt es, die Unterschiede zwischen beiden Betrachtungsweisen etwas näher zu erörtern.

Um zu exakten Aussagen zu kommen, ist die reine Standortbestimmungstheorie genötigt, das Problem der Bestimmung des optimalen Standorts angesichts der Vielfalt der in der Realität zu beachtenden Standortfaktoren gedanklich zu vereinfachen, d. h. die Zahl der Einflußgrößen auf einige wenige zu reduzieren. Dies zeigt sich sehr charakteristisch bei *Weber*, der – wie wir gesehen haben – nicht nur von der gesamten Absatzseite abstrahiert, sondern darüber hinaus

[32] *Meyer-Lindemann, Hans-Ulrich*, a.a.O., S. 68.

lediglich Arbeits- und Transportkosten (ergänzend dann Agglomerationsvorteile) ins Auge faßt. Eine weitere Abstraktion *Webers* besteht darin, auch über die Art der berücksichtigten Faktoren vereinfachende Annahmen zu treffen (Abhängigkeit der Transportkosten allein von Gewicht und Entfernung, Unveränderlichkeit der Löhne). Dieses modelltheoretische Verfahren ist der einzige Weg, der zu exakten quantitativen Aussagen führt, und es besteht immer dann zu Recht, wenn die entscheidenden (relevanten) Einflußgrößen getroffen werden. Seine begrenzte Brauchbarkeit für praktische Standortentscheidungen steht jedoch außer Frage; uns kommt es dagegen gerade darauf an, der betrieblichen Standortplanung ein brauchbares Rüstzeug zu liefern. Hinzu kommt, daß die Theorie *Webers* ausschließlich auf einen Wirtschaftszweig (die Industrie) abgestellt war und auch innerhalb dieses Wirtschaftsbereiches lediglich die Wirkung der – allerdings fragwürdigen – „generellen" Standortbestimmungsgründe analysierte. Im Unterschied dazu soll unser Faktorenschema auf jedwede Standortüberlegung in allen speziellen Wirtschaftszweigen anwendbar sein; daher darf es keineswegs nur solche Tatbestände enthalten, die – wie die *Weber*'schen „generellen" Standortfaktoren der Industrie – für alle zu einem bestimmten Wirtschaftsbereich gehörigen Betriebe „mehr oder weniger" relevant sind. Eine allgemeine Standortbestimmungslehre setzt vielmehr voraus, daß sie erstens die für alle speziellen Wirtschaftszweige bedeutsamen Faktoren enthält, und zweitens auch die Faktoren umfaßt, die innerhalb der einzelnen Wirtschaftsbereiche nur für bestimmte Betriebstypen Bedeutung haben. Sollen nun die Ergebnisse der Standortanalyse für die betriebliche Standortplanung praktisch verwendbar sein, und zwar grundsätzlich in allen Wirtschaftszweigen, so muß an die Stelle der reinen Standorttheorie eine empirisch-realistische Standortbestimmungslehre treten. Gegenüber der isolierenden Abstraktion wird das genau umgekehrte Verfahren erforderlich: An die Stelle der Reduktion der Standortfaktoren auf ein Mindestmaß tritt die Ausweitung der Analyse auf möglichst alle Faktoren, ohne Rücksicht darauf, ob sie im Einzelfall von entscheidender Bedeutung sind oder nicht. Die Isoliermethode bleibt lediglich insofern am Werke, als allein auf ökonomische Kriterien der Standortwahl abgestellt wird, und die einzelnen Faktoren und Faktorengruppen notwendig getrennt voneinander behandelt werden müssen.

Mit der Konzeption *Webers* teilt unsere Untersuchung also die Problemstellung einer betriebswirtschaftlichen Standortbestimmungslehre; an die Stelle der rein theoretischen Betrachtung setzen wir jedoch eine empirisch-realistische Analyse des Standortproblems.
Wir wollen nun ein typologisches Schema entwickeln, in dem die einzelnen Problemschichten der Standortlehre und die zu ihrer Behandlung möglichen Betrachtungsweisen übersichtlich zum Ausdruck kommen, und das zugleich unseren eigenen „Standort" im Rahmen des Systems der möglichen Problemstellungen und Betrachtungsweisen kennzeichnet:

1. Die volkswirtschaftliche Standortlehre
   a) rein theoretisch: totalanalytische, kombinierte Standortbestimmungs- und -wirkungslehre („Raumwirtschaftstheorie")
   b) historisch-soziologisch: Standortentwicklungslehre

2. Die betriebswirtschaftliche Standortlehre
   a) reine Standortbestimmungstheorie
   b) empirisch-realistische Standortbestimmungslehre
   c) historische Standort (entwicklungs)lehre

3. Die wirtschaftspolitische Standortlehre (Lehre von der wirtschaftlichen Raumordnung, Lehre von der Raumwirtschaftspolitik).

Abschließend sei noch auf zwei Besonderheiten unserer Problemstellung hingewiesen, die mehr begrifflicher Art sind:

a) Der Titel „Der Standort der Betriebe" schließt die Behandlung des sog. innerbetrieblichen Standortproblems aus, da es sich hierbei nicht um den Standort ganzer Betriebe, sondern um den Standort einzelner Betriebsteile (Maschinen, Verkaufstische usw.) und somit um ein Problem der räumlichen Organisation handelt. Die Unterscheidung des innerbetrieblichen vom eigentlichen betrieblichen Standortproblem läßt sich allerdings nur für die Verkehrswirtschaft durchführen; in einer total zentralgelenkten Wirtschaft bestehen ausschließlich „innerbetriebliche" Standortprobleme, da die gesamte Wirtschaft als Riesenbetrieb, als gewaltige

Organisation, erscheint. Für die im Rahmen der Verkehrswirtschaft arbeitenden Betriebe ist jedoch die Abtrennung der innerbetrieblichen Standortfrage von der eigentlichen Standortproblematik und ihre Behandlung im Rahmen der Organisationslehre zweckmäßig. Diese Ausklammerung der innerbetrieblichen Standortplanung ist jedoch nur insoweit unproblematisch, als es sich um Betriebe handelt, die nur eine einzige, zusammenhängende räumliche Basis mit quasi-punktuellem Charakter haben. Anders steht es dagegen bei Betrieben, deren Leistungserstellung sich entweder an mehreren, voneinander getrennten Orten vollzieht (Industriebetriebe mit mehreren Werken, Filialunternehmungen des Handels) oder bei solchen, die keine quasi-punktuelle, sondern eine linien- oder flächenhaft diskontinuierlich verteilte räumliche Basis haben (Transportunternehmungen, Landwirtschaftsbetriebe). Von außen her betrachtet, bilden alle Werke oder Filialen eines Betriebes zusammen eine funktionelle Einheit, so daß formal gesehen die örtliche Verteilung dieser Zweigstellen als innerbetriebliches Problem erscheint. Entsprechendes gilt für die verschiedenen Linien und Stationsanlagen der Transportunternehmungen und die Hofstellen und Anbauflächen der landwirtschaftlichen Betriebe. Während sich jedoch die echte innerbetriebliche Verteilung einzelner *Betriebsteile* innerhalb eines geschlossenen Ganzen vollzieht, befinden sich zwischen den Orten der eben genannten *Teilbetriebe* ausgedehnte „betriebsfremde" Räume, so daß hier nicht nur organisatorische, sondern auch echte standortliche Probleme auftreten; daher sprechen wir im ersten Teil von „Betriebsteilen", im zweiten hingegen von „Teilbetrieben", deren Standorte durchaus in die Betrachtung einbezogen werden müssen. Es ist evident, daß eine Beschränkung der Untersuchung auf den Standort der Zentralverwaltungen solcher Teilbetriebe wenig sinnvoll sein kann. Vielmehr ist unter dem Ausdruck „Der Standort der Betriebe" sowohl der Standort der *Leistungserstellung* als auch der Standort der *Betriebsverwaltung* zu verstehen, soweit sich diese vom Ort der Leistungserstellung räumlich entfernt.

b) Schließlich muß noch darauf hingewiesen werden, daß sich die Betrachtung auf die Standorte der *Erzeugungsbetriebe* (Fremdbedarfsdeckungsbetriebe) beschränkt, die Standorte der *Haushaltsbetriebe* (Eigenbedarfsdeckungsbetriebe) also außer Betracht bleiben[34]. Dabei ist der Begriff „Erzeugungsbetrieb" im weitesten Sinne zu interpretieren; er umfaßt also nicht nur die Betriebe, in denen im technischen Sinne produziert wird (Industrie, Handwerk u. a.), sondern schlechthin alle Betriebe, die nicht Haushalts- und öffentliche Verwaltungsbetriebe darstellen.

[34] Zur Standortproblematik der Haushaltsbetriebe vgl.: *Egner, Erich:* Der Standort des Haushaltes. Schmollers Jahrbuch, 69. Jahrgang, II. Halbband (1949). Ferner: *Sommer, Albrecht:* Lehre vom Privathaushalt. Berlin 1931, S. 52 ff.

II. Die Standortfrage als Teil des allgemeinen Wirtschaftlichkeits- und Rentabilitätsproblems

Unsere Problemstellung – Ermittlung des optimalen Standorts bei gegebenen konstitutiven Entscheidungen – setzt voraus, daß die Zielsetzung der Optimalität inhaltlich bestimmt wird, daß also bekannt ist, unter welchen Kriterien der Vergleich zwischen den regional differenzierten Nutzen- und Kostengrößen vollzogen und die Entscheidung getroffen wird. Denn erst durch den Bezug auf einen bestimmten Gestaltungs*gesichtspunkt* werden objektive Tatbestände standortrelevant und damit zu Gestaltungs*faktoren* (Standortdaten).

Die allgemeingültige Maxime, unter der alle betriebswirtschaftliche Gestaltung steht, ist das Prinzip der Wirtschaftlichkeit, das Minimierung der Kosten und Maximierung der Leistungen fordert. Hierbei ist Allgemeingültigkeit zu verstehen als Unabhängigkeit von allen strukturellen Bedingungen des Wirtschaftens, im besonderen vom *Motiv* der wirtschaftlichen Tätigkeit (erwerbswirtschaftliche, genossenschaftliche oder gemeinwirtschaftliche Zielsetzung) und von der *Ordnung* der Wirtschaft (Verkehrswirtschaft oder Verwaltungswirtschaft). *Gutenberg* bezeichnet diesen Tatbestand als „Systemindifferenz“ [35].

Die Zentralkategorie „Wirtschaftlichkeit“ (auch „ökonomische Rationalität“ genannt) ist mithin die umfassendste Determinante des Betriebsstandorts. Die Hinordnung der Standortplanung auf diese Leitidee muß in der Zentralverwaltungswirtschaft, die durch vorwiegend „externe“ Betriebsplanung gekennzeichnet ist, prinzipiell ebenso vollzogen werden wie in der Verkehrswirtschaft, in der primär „interne“ Betriebsplanung [36] herrscht.

[35] Vgl. *Gutenberg, Erich*: Grundlagen der Betriebswirtschaftslehre. Band I: Die Produktion, 2. Aufl., Berlin, Göttingen, Heidelberg 1955, S. 322 ff.

[36] Vgl. *Grochla, Erwin*: Betrieb und Wirtschaftsordnung. Volks- und Betriebswirtschaftliche Schriftenreihe der Wirtschafts- und Sozialwissenschaftlichen Fakultät der Freien Universität Berlin, Heft 3, Berlin 1954, S. 26 ff.

In der Verkehrswirtschaft wird bei erwerbswirtschaftlich arbeitenden Betrieben das Prinzip der Wirtschaftlichkeit jedoch durch das hinzutretende Rentabilitätsprinzip überdeckt: An die Stelle des Quotienten aus Leistung und Kosten tritt die Differenz von Ertrag und Aufwand, bezogen auf den Wert des eingesetzten Kapitals, die Kapitalrentabilität, in der sich auch Markteinflüsse ausdrücken, die vom Wirtschaftlichkeitsgrad des Betriebes unabhängig sind[37]. Obwohl angenommen werden kann, daß in der Regel die Wirtschaftlichkeit die entscheidende Komponente der Rentabilität einer Investition darstellt, müssen die Markteinflüsse, soweit sie die Standortwahl beeinflussen, in die theoretische Betrachtung einbezogen werden. Wenn daher in der Standortlehre die verkehrswirtschaftliche Ordnung und die erwerbswirtschaftliche Motivation vorausgesetzt werden, wie das im folgenden geschehen soll, so wird das Prinzip der Rentabilität zum grundlegenden Standortkriterium.
Einflüsse, die außerhalb der Wirtschaftlichkeitsrelation stehen, zeigen sich vor allem auf der Absatzseite der Betriebe. Überblickt man jedoch die Lehre vom Industriestandort, dann ergibt sich, daß das Standortproblem zunächst unter Kostengesichtspunkten betrachtet wurde. Die klassische Definition Alfred *Webers*, daß der Vorteil, der für eine wirtschaftliche Tätigkeit dann eintritt, wenn sie sich an einem bestimmten geographischen Orte vollzieht, eine „Ersparnis an Kosten" sei[38], ist für diese Auffassung typisch.
Die grundsätzlich kostenbezogene Blickrichtung erklärt sich daraus, daß sich die betriebswirtschaftliche Forschung in den ersten Jahrzehnten ihrer Renaissance überwiegend den Problemen des Gütereinsatzes zuwandte. Erst nach dem zweiten Weltkriege hat sich in dieser Hinsicht ein Wandel vollzogen. Die Probleme des Absatzes gewannen steigende Bedeutung.
Diese Hinwendung der Forschung zu den Absatzproblemen bleibt nicht ohne Konsequenzen für die Standortlehre. Wir werden uns darauf zu besinnen haben, daß die Höhe der Kosten für die Rentabilität nur dann von allein ausschlaggebender Bedeutung ist, wenn wir den Absatz als

[37] Daher ist für Autoren, die bewußt „Privatwirtschaftslehre" betreiben, wie etwa Leitner und Rieger, die Rentabilität die grundlegende Kategorie der Disziplin.

[38] *Weber, Alfred:* a.a.O., S. 16.

konstant betrachten. Sehen wir das Standortproblem als Kostenproblem an, dann setzen wir voraus, daß jeder mögliche Standort die gleichen Absatzchancen bietet. Daß dies offenbar eine wirklichkeitsferne Annahme ist, wurde bald auf dem Gebiete des Handels offensichtlich. Hier gebührt u. a. *Silbe*[39] das Verdienst, den Absatzgesichtspunkt in die Standortlehre eingeführt zu haben. Doch diese Vorbehalte gelten keineswegs allein für den von Silbe behandelten Bereich des Einzelhandels; sie sind vielmehr von grundsätzlicher Bedeutung. Zwar mag es zutreffen, daß für eine Reihe von Betrieben – vornehmlich Industrieunternehmungen – die Absatzbedingungen an verschiedenen Standorten gleichartig sind; trotzdem darf sich auch in diesen Fällen der Unternehmer nicht darauf beschränken, nur die Kostenseite zu betrachten, sondern er muß auch die Absatzseite ins Auge fassen und aus einem Vergleich beider Seiten an verschiedenen möglichen Orten den Orientierungsmaßstab für die betriebliche Standortentscheidung ableiten. Selbst wenn sich bei der Analyse ergäbe, daß die Absatzlage an abweichenden Standorten keine Unterschiede aufweist, wäre es falsch, dies a priori vorauszusetzen.

Wie jedes betriebswirtschaftliche Disponieren beruht demnach auch die echte Standortentscheidung auf einem Abwägen und Vergleichen der Aufwendungen und Erträge, die an verschiedenen alternativen Standorten erwartet werden. Aber selbst wenn die gegenwärtig für die Leistungserstellung erforderlichen Aufwendungen der betrieblichen Standortentscheidung als feste Größen zugrunde gelegt werden können, bleibt doch die Unsicherheit hinsichtlich der in der Zukunft zu erzielenden Erträge unaufhebbar bestehen. An die Stelle einer exakten Standortkalkulation tritt das subjektiv bestimmte „Werten" als ein Vergleich von erwarteter Chance und erwartetem Risiko[40]. Den Ausschlag für einen bestimmten Standort gibt die größte Spanne zwischen Ertrag und Aufwand, bezogen auf das eingesetzte Kapital, d. h. die Rentabilität. Es erscheint daher als zweckmäßig, die Vorteile, die ein bestimmter Ort für die Erstellung und Verwertung der Betriebsleistung bietet, nicht

[39] *Silbe, Herbert:* Theorie der Standorte des Einzelhandels. Zeitschrift für handelswissenschaftliche Forschung, 24. Jahrgang, 1930, S. 377 ff. Ferner: Theorie der Standorte des Einzelhandels. Dissertation, Dresden 1931.

[40] Vgl. hierzu auch *Paulsen, Andreas:* Liquidität und Risiko in der wirtschaftlichen Entwicklung. Frankfurt (Main) – Berlin 1950, S. 31 f. und 71 ff.

als Kostenvorteile, sondern – umfassender – als Rentabilitätsvorteile zu bezeichnen.
Nach diesem Versuch, Klarheit über das Grundprinzip der Standortwahl zu schaffen, sollen abschließend gewisse Modifikationen dieses Prinzips behandelt werden. Bei den bisherigen Betrachtungen wurde von Betrieben ausgegangen, die nach dem erwerbswirtschaftlichen Prinzip geleitet werden, d. h. es wurde unterstellt, daß der Unternehmer – im Extremfall – das Ziel der Gewinnmaximierung verfolgt. Welche Folgen ergeben sich nun für das Standortproblem, wenn ein Betrieb nach anderen Gesichtspunkten geführt wird?
In der Praxis finden wir zahlreiche Betriebe, die nicht nach dem Gewinnmaximierungsprinzip, sondern nach dem Prinzip „angemessener Gewinnerzielung"[41] geleitet werden. Unter dieser Zielsetzung wirtschaftenden Unternehmern kommt es nicht darauf an, den maximalen Gewinn (kurz- oder langfristig) zu erzielen, sondern sie begnügen sich damit, aus dem Betrieb ein bestimmtes, in ihrer Vorstellung ziemlich genau umrissenes Einkommen zu ziehen. Das Angemessenheitsprinzip finden wir besonders in kleinen Betriebswirtschaften, in denen der Produktionsfaktor „menschliche Arbeitskraft" dominiert (Kleinindustrie, Handwerk, kleiner Einzelhandel). Bei dieser Sachlage wird der Standort erst dann zum Problem, wenn er die Erwirtschaftung der „standesgemäßen Nahrung" nicht mehr ermöglicht.
Eine ähnliche Abwandlung des Standortproblems ergibt sich, wenn ein Betrieb nicht Gewinnerzielung, sondern lediglich Kostendeckung anstrebt. Aus der unterschiedlichen Zielsetzung folgt, daß Standorte, die unter reinen Rentabilitätsgesichtspunkten untragbar wären, bei derartigen Betrieben noch als geeignet erscheinen.
Grundsätzlich anders liegen die Verhältnisse, wenn gemeinnützige oder öffentliche Betriebe aus sozialpolitischen, kulturellen oder religiösen Gründen auf eine Standortwahl unter ökonomischen Gesichtspunkten überhaupt verzichten. Dieses Verhalten kann dazu führen, daß die betreffenden Betriebe gerade wegen der verfehlten Standortwahl ständig mit Verlust arbeiten und nur mit Hilfe öffentlicher Mittel

[41] Vgl. *Gutenberg, Erich*: Grundlagen der Betriebswirtschaftslehre, 1. Bd., a.a.O., S. 344.
Rößle (Allg. Betriebswirtschaftslehre, 5. Auflage, Stuttgart 1956, S. 43) verwendet hier den weniger eindeutigen Begriff des „einkommenswirtschaftlichen" oder „mittelständischen" Prinzips.

an dem betreffenden Ort weiterbestehen können. Standortbestimmungsgründe dieser Art stehen außerhalb des Bereichs der ökonomischen Standortlehre und werden im Folgenden nicht weiter behandelt. In der vorliegenden Untersuchung wird davon ausgegangen und zugleich zum Zwecke der Wirtschaftlichkeitssteigerung der Betriebe gefordert, daß die Standortwahl durch echte, zielbestimmte Entscheidungen auf der Grundlage eines Aufwands-Ertragskalküls vorgenommen wird („rationale" Standortwahl). Damit wird jedoch die Wirksamkeit anderer, praktisch sehr bedeutsamer Verhaltensweisen keineswegs in Abrede gestellt. Insbesondere im Einzelhandel, im Handwerk, in der Kleinindustrie und in der Landwirtschaft sind auch konstitutive Entscheidungen wie die Standortwahl oft anders begründet („irrationale" Standortwahl). Wenn ein Unternehmer den heute ungünstigen, aus der Vergangenheit überkommenen Standort seines Betriebes aus Trägheit oder weil er das Familienerbe bewahren möchte usw. beibehält, so kann man von einem „traditionalen" Standort sprechen. Manchmal wird die wirtschaftlich nachteilige räumliche Lage eines Betriebes aus besonderer Vorliebe des Unternehmers oder seiner Familienangehörigen für einen bestimmten Ort oder des Klimas wegen beibehalten. Hier liegen der Standortentscheidung also vorwiegend emotionale Beweggründe zugrunde, so daß der so bestimmte Betriebssitz als „emotionaler" oder „prädilektiver" Standort zu charakterisieren ist[42].

[42] Vgl. hierzu auch *Egner, Erich:* Der Standort des Haushaltes, a.a.O., S. 20 ff.

III. Systematik der Standortfaktoren

Eine echte Systematik der Standortfaktoren, die über die bloße klassifikatorische Aufzählung hinausgeht, setzt voraus, daß (1) ein einheitlicher Gliederungsgesichtspunkt gewählt wird, und daß sich (2) dieser Gliederungsgesichtspunkt aus der Problemstellung der Standortbestimmungslehre logisch ableiten läßt.
Betrachtet man die *Weber*'sche Lehre von den Standortfaktoren unter diesen Aspekten, so zeigt sich, daß sie eine eigentliche Faktorensystematik schon deshalb nicht enthalten kann, weil *Weber* von drei unterschiedlichen Einteilungsgesichtspunkten (Geltungsumfang, räumliche Wirkung, Art der Beschaffenheit) ausgeht, wodurch ein und derselbe Standortfaktor an drei Stellen der Systematik erscheinen würde; so ist etwa die Höhe des Zinses unter dem ersten Gesichtspunkt ein genereller, unter dem zweiten ein regionaler, und unter dem dritten ein gesellschaftlich-kultureller Standortfaktor. Tatsächlich haben die Einteilungen *Webers* auch gar nicht den Zweck, eine Systematik der Standortfaktoren zu ermöglichen, sondern sie sollen dazu dienen, die Untersuchung auf solche Faktoren einzuengen, die bestimmten klassifikatorischen Merkmalen genügen; sie haben also lediglich Abgrenzungsfunktion. Wie wir gesehen haben, beschränkte *Weber* seine Überlegungen auf die generellen, die regionalen oder agglomerativen und auf die natürlich-technischen Standortfaktoren.
Es ist klar, daß sich derartige Einengungen der Analyse im Hinblick auf das Erkenntnisziel einer empirisch-realistischen Standortlehre von selbst ausschließen. Darüber hinaus aber sind die *Weber*'schen Kriterien bereits in logischer Hinsicht fragwürdig. Für die Einteilung der Standortfaktoren in „generelle" und „spezielle" wurde dies bereits bei der Würdigung seiner Lehre dargelegt[43]. Die Frage, ob ein bestimmter Sachver-

[43] Vgl. S. 16.

halt eine regionale (gleichmäßige), eine agglomerative oder eine deglomerative räumliche Wirkung hat, ist für die einzelwirtschaftliche Standortbestimmungslehre ohne Belang; sie ist allenfalls für eine gesamtwirtschaftliche Betrachtung von Interesse. Abgesehen hiervon aber ist die Unterscheidung auch logisch nicht haltbar. Wo der Unterschied zwischen der „regionalen" und der „deglomerativen" Wirkung im Endeffekt einer historischen Entwicklung liegen soll, ist nicht einzusehen. Für die betriebswirtschaftliche Standortbestimmungslehre schließlich gibt es keinen „agglomerativen Standortfaktor" – die gesamtwirtschaftliche Wirkung eines Sachverhalts interessiert hier nicht –, es gibt nur die Agglomerationsvorteile als Standortfaktor.

Ähnlich steht es mit der Unterscheidung zwischen natürlich-technischen und gesellschaftlich-kulturellen Standortfaktoren. Einmal sind in den letztgenannten und von der *Weber*'schen Betrachtung ausgeschlossenen Faktoren die eigentlichen ökonomischen (gesellschaftswirtschaftlichen) Tatbestände verborgen, wie die regionale Höhe des Zinses, der Grundrente, des Lohnniveaus usw. Zum anderen aber führt die Unterscheidung zu erheblichen Schwierigkeiten, wenn man neben den Kosten der Güter auch ihre Qualität als Standortfaktor beachtet. So beruht etwa die Qualität der Arbeitskraft nicht nur auf natürlichen Anlagen, sondern auch auf gesellschaftlich-kulturellen (pädagogischen) Einflüssen; der Standortfaktor „Arbeitsqualität" fällt also offenkundig unter beide Kategorien, so daß eine solche Differenzierung hinfällig wird.

Versuchen wir nunmehr, für die Systematik der Standortfaktoren einen einheitlichen Gliederungsgesichtspunkt zu finden, der zugleich aus der Problemstellung der betriebswirtschaftlichen Standortbestimmungslehre logisch abgeleitet werden kann. Als Grundproblem der Standortbestimmungslehre wurde oben[44] die Frage nach dem Standort herausgearbeitet, der – bei gegebener Betriebsgröße – die Verwertung eines vorgegebenen Leistungsprogramms und seine Erstellung mit Hilfe einer ebenfalls festliegenden Methode in optimaler Weise ermöglicht. Hieraus folgt, daß ein Standort um so günstiger ist, je besser er einerseits den Einsatz der für die Leistungserstellung benötigten Güter, andererseits die Verwertung (den Absatz) der Betriebsleistung gewährleistet, wobei als Kriterium der erzielbare Rentabilitätsgrad zu gelten hat. Es sind also

[44] Vgl. S. 33 f.

zunächst die Standortfaktoren zu analysieren, an denen sich der Gütereinsatz orientiert, sodann jene, die auf den Absatz der Leistung Einfluß nehmen. Damit knüpfen wir zugleich an zwei grundlegende betriebliche Funktionsbereiche an; der Systematik der Standortfaktoren fällt somit wesentlich die Aufgabe zu, die räumlichen Bedingtheiten dieser Funktionsbereiche herauszuarbeiten.

A. Gütereinsatz und Standort

1. Externer Gütereinsatz (Beschaffung)

Der betriebliche Gütereinsatz betrifft zunächst die Beschaffung der für das Betriebsgeschehen notwendigen Einsatzgüter von außen, also ihre Überführung vom Beschaffungsmarkt in die betriebliche Sphäre (externer Gütereinsatz). Zu den Beschaffungsgütern gehören der Betriebsraum, Anlagegüter, Arbeitsleistungen und Fremddienste, Materialien und Waren, Kredite sowie – als generelle Voraussetzung des Betriebsablaufs – die Leistungen des staatlichen Verbandes. Es ist zu zeigen, unter welchen Voraussetzungen der externe Gütereinsatz für die betriebliche Standortwahl von Bedeutung ist, und auf welche Umstände es gegebenenfalls bei der Standortplanung unter Beschaffungsgesichtspunkten ankommt.
Der Einfluß, der von der Beschaffung eines Einsatzgutes auf die Wahl des Betriebsstandorts ausgeht, bestimmt sich zunächst danach, ob das betreffende Gut am Ort vorhanden sein muß oder von anderen Orten her bezogen werden kann. Dies ist davon abhängig, ob das Beschaffungsgut transportabel, oder ob ein Transport wesensmäßig ausgeschlossen ist. Während bestimmte Güterarten (z. B. solche, die mit der Beschaffung des Betriebsraumes zusammenhängen) grundsätzlich nicht transportierbar sind, lassen andere einen Transport größtenteils zu. Die Nichttransportierbarkeit eines Beschaffungsgutes hat standortlich zur Folge, daß sich der Betrieb ausschließlich an solchen Orten niederlassen kann, an denen das Gut – soweit es nicht substituierbar ist – zur Verfügung steht. Diese räumliche Bindung liegt hinsichtlich der

transportablen Beschaffungsgüter nicht vor; ihnen gegenüber hat der Betrieb einen bestimmten Beschaffungsspielraum, innerhalb dessen er sich von den Standorten der Lieferanten entfernen kann.

Der Einfluß, der von der Beschaffung der transportablen Einsatzgüter auf die betriebliche Standortwahl ausgeht, ist davon abhängig, über welche Entfernung hinweg ihre Beschaffung wirtschaftlich vertretbar ist. Je nach der ökonomisch möglichen Entfernung ergibt sich für ein Beschaffungsgut ein bestimmtes *Beschaffungsgebiet* (Einzugsgebiet[45], Bezugsgebiet). Eine mehr oder minder enge Begrenzung dieses Bezugsgebietes und damit eine entsprechende Relevanz des betreffenden Einsatzgutes für die betriebliche Standortwahl kann sich aus folgenden Gründen ergeben:

1. Aus dem Gesichtspunkt der Beschaffungs*kosten*
   a) wenn das Beschaffungsgut auf Grund seiner Eigenart hohe Transportkosten je Werteinheit verursacht, so daß die Beschaffung aus weit entfernten Bezugsorten eine spürbare Senkung des Rentabilitätsgrades oder Unrentabilität des Betriebsprozesses zur Folge hat;
   b) wenn das Beschaffungsgut vor Bestellung besichtigt werden muß, andererseits aber hohe Reisespesen und entsprechende Entgelte für die Reisenden oder die Unterhaltung von Beschaffungsstellen an den Bezugsorten unrentabel sind;
   c) wenn – wie beim Einsatzgut Arbeit – die Anbieter des Beschaffungsgutes die Beförderungskosten in der Regel selbst tragen und der Aufwand größerer Beträge für sie wirtschaftlich nicht vertretbar ist.
2. Aus dem Gesichtspunkt der Beschaffungs*zeit*
   a) wenn das Beschaffungsgut leicht verderblich ist oder ein hohes Schwundrisiko aufweist;
   b) wenn der Bedarf an einem Beschaffungsgut auf Grund der spezifischen Nachfrageverhältnisse, denen der Betrieb auf der Ab-

[45] Es sei angemerkt, daß der Ausdruck „Einzugsgebiet" in der Literatur häufig für den betrieblichen Aktionsradius auf der Absatzseite verwandt wird; so spricht man etwa vom Einzugsgebiet einer Stadt und meint damit die Umgebung, deren Einwohner ihre Einkäufe zu einem bestimmten Teil im Stadtgebiet tätigen. Wir werden jedoch für diesen Sachverhalt die Bezeichnung „Absatzgebiet" verwenden und den Ausdruck „Einzugsgebiet" lediglich auf den betrieblichen Beschaffungsspielraum beziehen.

satzseite gegenübersteht, kurzfristig gedeckt werden muß, andererseits aber die Haltung eines umfangreichen Beschaffungslagers unrentabel – z. B. wegen großer Raumbeanspruchung, Sortimentsbreite – oder infolge geringer Kapitalbasis unmöglich ist;

c) wenn – wie bei den Arbeitskräften – die Beförderungszeit den Anbietern des Beschaffungsgutes gewöhnlich selbst zur Last fällt und sie nicht gewillt sind, längere Beförderungszeiten in Kauf zu nehmen.

Beschaffungsgüter, die eines oder mehrere dieser Merkmale aufweisen, bezeichnen wir als „transportempfindlich"; entsprechend sind transport*kosten*empfindliche und transport*zeit*empfindliche Beschaffungsgüter zu unterscheiden. Je größer also die Transportempfindlichkeit eines Beschaffungsgutes ist, desto kleiner ist für das betreffende Beschaffungsgut das Einzugsgebiet.

Zu beachten ist jedoch, daß die Ausdehnung des Einzugsgebietes für ein Beschaffungsgut nicht nur von seiner Transportempfindlichkeit, sondern auch von den am Standort herrschenden *Transportverhältnissen* abhängt. Bei gegebener Transportempfindlichkeit, also bei einem bestimmten Maximalbetrag an Beschaffungskosten und -zeiten, kann die Entfernung zum Lieferanten um so größer sein, je besser der Standort mit Verkehrsanschlüssen, Transportmitteln und Verladeanlagen ausgerüstet ist, je günstiger die Verkehrstarife[46] und je schneller die Transportmittel sind.

Für die standortliche Relevanz des externen Gütereinsatzes sind also die Transportierbarkeit und die Größe des Einzugsgebietes der Beschaffungsgüter von grundlegender Bedeutung:

1. Die Standortwahl des Betriebes ist auf die Orte beschränkt, an denen die nichttransportablen Beschaffungsgüter – hier ist die Größe des Einzugsgebietes gleich Null – vorhanden sind.
2. Die Standortwahl des Betriebes beschränkt sich ferner auf solche Orte, in deren näherem Umkreis die transportempfindlichen, durch enge Beschaffungsgebiete charakterisierten Beschaffungsgüter verfügbar sind, wobei die Enge des Umkreises der Begrenztheit des Einzugsgebiets entspricht.
3. Hinsichtlich der Beschaffungsgüter mit geringer Transportempfind-

[46] Gleiche Wirkungen wie von den Frachtsätzen gehen von den Zolltarifen aus.

lichkeit, also mit weitem Einzugsgebiet, ist der Umstand, ob sie an einem Ort oder in seinem näheren Umkreis verfügbar sind, für die Wahl dieses Ortes zum Betriebsstandort von untergeordneter Bedeutung, und zwar um so mehr, je ausgedehnter das Beschaffungsgebiet ist.

Dies gilt jedoch nur dann, wenn die auf Grund der Transportbelastbarkeit der Beschaffungsgüter und der Transportverhältnisse mögliche (potentielle) Ausdehnung des Einzugsgebiets der tatsächlich in Anspruch genommenen (faktischen) Ausdehnung entspricht. Beschränkt sich der Betrieb darauf, die betreffenden Beschaffungsgüter aus einem einzigen Bezugsraum oder gar Bezugsort zu beziehen – etwa dann, wenn der Produktionsumfang relativ gering ist – so wird das Einzugsgebiet dadurch willkürlich eingeschränkt, und es liegt der unter 2. aufgeführte Sachverhalt vor.

Diese Zusammenhänge sind für die betriebliche Standortplanung lediglich dann ohne Interesse, wenn die betreffenden Beschaffungsgüter nahezu überall in beliebiger Menge und Qualität und zu gleichen Kosten verfügbar sind; wir wollen in diesem Falle – in Weiterführung des *Weber*'schen Begriffs – von „Ubiquitäten" sprechen[47].

Nun haben die in den Sätzen 1. und 2. genannten Beschaffungsgüter nur selten den Charakter von Ubiquitäten. Dennoch darf hieraus nicht geschlossen werden, daß – da derartige Güter in nahezu allen Wirtschaftszweigen benötigt werden – ihre Beschaffung in jedem Fall von standortbestimmender Wirkung wäre. Sind nämlich die Ansprüche, die der Betrieb an die nichttransportablen oder durch enge Beschaffungs-

[47] Der Begriff „Ubiquität" wird also teils weiter, teils enger gefaßt, als es bei *Weber* der Fall ist. Eine Erweiterung liegt insofern vor, als *Weber* lediglich die nichtlokalisierten Materalien als Ubiquitäten bezeichnet, während wir bei allen nichtlokalisierten Beschaffungsgütern schlechthin, sowie bei den nichtlokalisierten Bedingungen des internen Gütereinsatzes (vgl. S. 65 ff.) von Ubiquitäten sprechen wollen. Eine Einengung des Begriffs ergibt sich dagegen aus der Einbeziehung des Kriteriums der interregionalen Kostengleichheit. Offenbar gilt die *Weber*'sche These, daß Ubiquitäten die Standortwahl nicht beeinflussen, nur dann, wenn sich ihre Kosten interregional nicht differenzieren. Will man also mit dem Begriff „Ubiquitäten" die standortlich irrelevanten Einsatzgüter kennzeichnen, so ist die Ausdehnung des Begriffsinhalts auf das Merkmal der interregionalen Kostengleichheit unvermeidbar. Ebenso *Engländer, Oskar:* Kritisches und Positives zu einer allgemeinen reinen Lehre von Standort, a.a.O., S. 441 ff.

gebiete charakterisierten Beschaffungsgüter stellt, in quantitativer und qualitativer Hinsicht gering, so ist ihre Beschaffung an einer großen Zahl von Orten möglich; regionale Kostenabweichungen sind von geringem Interesse. Berücksichtigt man also die Art des betrieblichen Bedarfs, so wird der Ubiquitätencharakter der Beschaffungsgüter relativ: Bleiben die betrieblichen Ansprüche an die örtliche Ausstattung mit den betreffenden Beschaffungsgütern nach Menge und Qualität in engen Grenzen, so stellen diese Einsatzgüter für den einzelnen Betrieb „Ubiquitäten" dar, auch wenn es sich objektiv nicht um solche handelt; erst von einer bestimmten quantitativen und qualitativen Bedarfsgrenze ab verlieren sie auch betriebsindividuell ihren Ubiquitätencharakter.
Es ergibt sich, daß die betriebliche Standortentscheidung immer dann wesentlich von den örtlichen Beschaffungsverhältnissen abhängt, wenn der Bedarf an nichttransportablen und an transportempfindlichen Beschaffungsgütern quantitativ oder qualitativ mindestens so groß ist, daß betriebsindividuelle Ubiquitäten nicht mehr gegeben sind. Wir sprechen bei solchen Unternehmungen generell von „Betrieben mit engem Beschaffungsgebiet" und bezeichnen die Verhältnisse, die ein bestimmter Standort bzw. das zu ihm gehörige Einzugsgebiet einem solchen Betrieb unter Beschaffungsgesichtspunkten bietet, als örtliches „Beschaffungspotential". Hiermit ist der für Betriebe mit engem Einzugsgebiet bedeutsame Standortfaktor umschrieben.
Stellen für eine Unternehmung die nichttransportablen und die transportempfindlichen Beschaffungsgüter dagegen betriebsindividuelle Ubiquitäten dar, so sprechen wir von „Betrieben mit weitem Beschaffungsgebiet". Für sie weist das Beschaffungspotential über größere Areale hinweg keine wesentlichen Unterschiede auf, so daß die Wahl eines bestimmten Ortes innerhalb des Gebietes durch Beschaffungspotentialüberlegungen nicht determiniert wird. Ist der betriebliche Einzugsradius gar extrem groß, also gewissermaßen „weltumspannend", so kann von einer räumlichen Differenzierung des Beschaffungspotentials nicht mehr gesprochen werden; Beschaffungspotentialüberlegungen sind dann für die Standortwahl grundsätzlich irrelevant. Die standortliche Bedeutung örtlicher Beschaffungspotentialverhältnisse ist also um so geringer, je ausgedehnter das Einzugsgebiet ist.
Wir wollen nunmehr die Merkmale und Bestimmungsgründe des Beschaffungspotentials näher betrachten.

a) Beschaffungspotential

Für die Beurteilung des Beschaffungspotentials, das an einem bestimmten Standort gegeben ist, sind zwei Gesichtspunkte maßgeblich:

1. Die Quantität und Qualität der am Ort verfügbaren nichttransportablen Beschaffungsgüter und die Quantität und Qualität der innerhalb des Einzugsgebiets verfügbaren transportempfindlichen Einsatzgüter. In je größerem Umfange und in je besserer Qualität die genannten Beschaffungsgüter am Ort bzw. innerhalb des Beschaffungsgebiets erhältlich sind, um so größer ist das diesem Ort zuzusprechende Beschaffungspotential.
2. Die Kosten[48] der Beschaffungsgüter. Je niedriger die für die Beschaffungsgüter zu zahlenden Preise am Ort bzw. im Bezugsgebiet sind, desto größer ist das Beschaffungspotential, durch das der betreffende Ort charakterisiert ist.

Die Bestimmung des an einem Standort gegebenen Beschaffungspotentials („Beschaffungspotentialanalyse") muß sich für die nichttransportablen und die transportempfindlichen Beschaffungsgüter getrennt vollziehen. Hinsichtlich der erstgenannten ist die Bestimmung relativ unproblematisch; es brauchen lediglich die am Ort verfügbare Quantität und Qualität und die örtlichen Kosten ins Auge gefaßt zu werden. Schwieriger ist die Bestimmung des Beschaffungspotentials hinsichtlich der transportempfindlichen Beschaffungsgüter, da hierbei dem Standort zunächst das entsprechende Einzugsgebiet zugeordnet werden muß. Dies geschieht in der Weise, daß für jedes dieser Güter um den betreffenden Ort eine Linie gezogen wird, die alle Entfernungspunkte miteinander verbindet, bis zu denen der Bezug nach Maßgabe der maximalen Belastbarkeit mit Transportkosten und/oder Transportzeiten

[48] Es ist zu beachten, daß nach moderner betriebswirtschaftlicher Terminologie strenggenommen von Aufwand gesprochen werden müßte, da einerseits die Zusatzkosten im wesentlichen standortirrelevant sind, andererseits aber gewisse neutrale Aufwendungen sowohl dem Auftreten als auch der Höhe nach standortbedingt sein können. In Sonderfällen ist darüber hinaus sogar die Höhe der absoluten, nicht periodisierten Ausgaben für die Standorterwägung maßgeblich. Diese rechnungstheoretischen Differenzierungen sind jedoch für die Standortanalyse nur von untergeordneter Bedeutung und fanden auch in der betriebswirtschaftlichen Standortliteratur kaum Berücksichtigung. Daher soll auch hier der von *Weber* eingeführte und seither traditionell gewordene Begriff „Kosten als Standortfaktor" beibehalten werden.

tragbar ist (Iso-Transportkostenlinie bzw. Iso-Transportzeitlinie). Das sich so ergebende Gebilde stellt das Einzugsgebiet des Betriebes in bezug auf ein bestimmtes transportempfindliches Beschaffungsgut dar, wobei die maximalen Transportkosten bzw. -zeiten – projiziert auf die Entfernungsstrecken, die durch sie ermöglicht werden – die Radien der Figur bilden. Die Länge dieser Radien und damit die Entfernung der Iso-Transportkostenlinie bzw. Iso-Transportzeitlinie vom Standort hängt dabei auch von den dort herrschenden Transportverhältnissen ab; bei gegebener absoluter Transportbelastbarkeit der Beschaffungsgüter sind die Einzugsradien um so länger und ist daher das Einzugsgebiet um so größer, je billiger bzw. schneller die Verkehrsmittel arbeiten.

Ist dem Standort nach Maßgabe der Belastbarkeit der Beschaffungsgüter und der herrschenden Verkehrsverhältnisse ein bestimmtes Einzugsgebiet zugeordnet, so können Qualität, Quantität und Kosten der Beschaffungsgüter innerhalb dieses Beschaffungsgebietes bestimmt werden.

Die Bestimmungsgründe, von denen die Größe des örtlichen Beschaffungspotentials abhängt, und die daher bei der Beschaffungspotentialanalyse beachtet werden müssen, sind:

a) die örtliche Angebotsintensität auf dem Beschaffungssektor, d. h. die Zahl der Anbieter von nichttransportablen und transportempfindlichen Beschaffungsgütern am Ort bzw. im Einzugsgebiet, und das Ausmaß ihrer Leistungsbereitschaft. Mit wachsender Angebotsintensität erhöht sich die Quantität und verbessert sich die Qualität (hierzu gehören auch die Beschaffungskonditionen) der für den Betrieb verfügbaren Beschaffungsgüter und sinken in der Regel die Beschaffungspreise.

b) Die Intensität der örtlichen Beschaffungskonkurrenz, d. h. die Zahl und Größe der Betriebe, die am betreffenden Ort und /oder im Beschaffungsgebiet gleiche oder dicht-substitutive, nichttransportable und transportempfindliche Beschaffungsgüter nachfragen. Je stärker die regionale Beschaffungskonkurrenz ist, desto knapper werden die für den einzelnen Betrieb verfügbaren Mengen an diesen Gütern, desto geringer wird in der Regel ihre Qualität und desto höher sind zumeist ihre Kosten. Daher nimmt die Größe des Beschaffungspotentials mit wachsender Stärke der Beschaffungskonkurrenz ab. Dies gilt besonders dann, wenn auf dem Beschaffungssektor Verkäufermärkte bestehen, also namentlich in Zeiten der Hochkonjunktur.

Betrachtet man das Zusammenwirken der örtlichen Angebots- und der örtlichen Konkurrenzintensität auf dem Beschaffungssektor, so erscheint die Angebotsintensität als örtliches „Gruppenbeschaffungspotential", aus dem sich nach Maßgabe der Konkurrenzintensität ein betriebsindividuelles Beschaffungspotential ergibt; unter „Gruppe" ist dabei die Gesamtheit der am Ort befindlichen Unternehmungen zu verstehen, von denen die oben genannten Beschaffungsgüter nachgefragt werden[49].

c) Der Umfang an staatlichen Beschaffungshilfen, die dem Betrieb an dem betreffenden Ort zuteil werden. Zu derartigen Maßnahmen, welche die betrieblichen Beschaffungsverhältnisse oft in entscheidendem Maß verbessern, gehören die Vergabe langfristiger, zinsverbilligter oder zinsloser Aufbaukredite, die Übernahme von Bürgschaften, der Verkauf preisermäßigter Grundstücke und Gebäude, die Einräumung von Sondertarifen für den Energiebezug, die Senkung, unter Umständen der Erlaß von Steuern u. a. m. Staatliche Unterstützungen dieser Art haben in der Regel den Zweck, die Ansiedlung von Betrieben in bestimmten Räumen zu fördern und fallen somit in das Gebiet der Raumordnung.

Damit haben wir die begrifflichen Merkmale und die Bestimmungsgründe des Standortfaktors „Beschaffungspotential" in genereller Weise aufgewiesen, und es gilt nunmehr, die Bedeutung des Beschaffungspotentials im Hinblick auf die einzelnen Arten von Beschaffungsgütern zu erörtern.

Jede empirische Ausage über die Beschaffungspotentialverhältnisse an einem konkreten Ort hat nur dann Sinn, wenn angegeben wird, auf welches Beschaffungsgut sich die betreffende Aussage bezieht. Nicht das Beschaffungspotential als solches stellt also einen Standortfaktor dar, sondern stets das Beschaffungspotential in bezug auf die Arbeitskräfte, die Materialien usw. Wenn späterhin der Einfachheit halber von der Arbeit oder dem Material als „Standort-

[49] Das „Gruppenbeschaffungspotential" ist also ein beschaffungswirtschaftliches Analogon zur produktionswirtschaftlichen „Gruppenkapazität".

faktoren" gesprochen wird, so sind diese Ausdrücke als Kurzbezeichnungen für die Beschaffungspotentialverhältnisse im Hinblick auf die Arbeit bzw. das Material aufzufassen.
Es ist also zu untersuchen, ob und inwieweit Beschaffungspotentialüberlegungen in bezug auf ein bestimmtes Beschaffungsgut für die Standortwahl des Betriebes bedeutsam sind. Zu diesem Zweck ist einmal die Ausdehnung des spezifischen Einzugsgebietes ins Auge zu fassen, also zu prüfen, ob und in welchem Umfange das betreffende Beschaffungsgut transportabel ist; zum anderen ist zu überlegen, ob es sich dabei um ein lokalisiertes Beschaffungsgut oder eine Ubiquität (im objektiven Sinne) handelt.

aa) Betriebsraum

Bei der Prüfung der örtlichen Beschaffungsverhältnisse in bezug auf den Betriebsraum muß von der Art und Weise ausgegangen werden, in der sich die Beschaffung der benötigten Räumlichkeiten vollzieht:

1. Wird ein unbebautes Grundstück gekauft, auf dem das Betriebsgebäude in eigener Regie errichtet werden soll, so sind zu beachten:
   a) die Quantität und Qualität des örtlich verfügbaren Baugrundes,
   b) die örtlichen Grundstückspreise und Baukosten sowie die Anschluß- und Instandhaltungskosten.
2. Ist der Kauf eines bereits bebauten Grundstücks geplant, so sind zu prüfen:
   a) die Quantität und Qualität der am Ort verfügbaren Grundstücke einschließlich der darauf befindlichen baulichen Anlagen,
   b) die örtlichen Preise der bebauten Grundstücke sowie die Instandhaltungskosten.
3. Sollen die benötigten Betriebsräume gemietet werden, so sind von Bedeutung:
   a) die Quantität und Qualität der örtlich verfügbaren Mieträume (Fabrikräume, Ladengeschäfte usw.),
   b) die Höhe der örtlichen Mietzinsen.

Standortrelevanz erhält die Beschaffung des Betriebsraumes dadurch, daß es sich bei den Grundstücken, baulichen Anlagen und Mieträumen durchweg um nichttransportable und lokalisierte Beschaffungsgüter handelt.

bb) Anlagegüter

Für die Anlagegüter, die wir für unsere Zwecke mit der technisch-organisatorischen Apparatur des Betriebes (Maschinen, Verkaufstische usw.) gleichsetzen können, ist standortlich bedeutsam, daß sie in der Regel transportabel sind; eine Ausnahme hiervon macht lediglich der Grund und Boden, soweit er nicht nur die Basis des Betriebsraums darstellt, sondern – wie in der Urproduktion – zugleich den Charakter eines Anlagegutes, eines produktiven Aggregates hat.
Die transportablen Anlagegüter sind weiterhin allgemein durch relativ große Einzugsradien gekennzeichnet, da ihre Transportkosten- und Transportzeitempfindlichkeit in der Regel gering ist. Die Unempfindlichkeit gegenüber den Transportkosten erklärt sich daraus, daß der Wert der Anlagegüter im Verhältnis zu ihrem Gewicht und zu ihrer Raumbeanspruchung (Sperrigkeit) hoch ist, die Relationen zwischen Gewicht und Wert bzw. Raumbeanspruchung und Wert also niedrige Quotienten ergeben. Die Unempfindlichkeit der Anlagegüter in bezug auf die Transportzeit ist vor allem darin begründet, daß die Gefahren hinsichtlich Schwund und Verderb im allgemeinen ausgeschlossen bzw. gering sind, und daß der Bedarf an Anlagegütern nicht kurzfristig auftritt, sondern ihre Beschaffung meist langfristig geplant wird. Die aus diesen Umständen resultierende große Ausdehnung der Einzugsradien bewirkt, daß die Beschaffung der transportablen Anlagegüter – obwohl es sich bei ihnen nicht um Ubiquitäten handelt – standortlich wenig Bedeutung hat; Überlegungen hinsichtlich der örtlichen Beschaffungspotentialverhältnisse treten daher zurück.
Dagegen weist der Grund und Boden als Anlagegut in den Betrieben der Urproduktion (Landwirtschaft, Bergbau, Erdölgewinnung) wegen seiner Nichttransportierbarkeit hohe Standortrelevanz auf. Hier sind demnach seine örtliche Quantität und Qualität und die örtlichen Bodenpreise einer eingehenden Prüfung zu unterziehen; hinsichtlich der Bodenqualität sind dabei insbesondere geologische Merkmale zu untersuchen. In diesen Wirtschaftszweigen haben die Beschaffungspotentialverhältnisse in bezug auf das Anlagegut „Boden" meist standortbestimmende Wirkung [49a].

[49a] Siehe S. 66.

cc) Arbeitsleistungen

Hinsichtlich der Arbeitskräfte ist das betriebliche Beschaffungsgebiet sowohl aus Transportkosten- als auch aus Transportzeitgründen relativ begrenzt. Die maximalen Einzugsradien werden dabei durch die Beförderungskosten und -zeiten („Pendelkosten" und „Pendelzeiten") bestimmt, die von den Arbeitnehmern für die Hin- und Rückfahrt zum bzw. vom Betrieb gerade noch in Kauf genommen werden; sie hängen daher auch von den Beförderungstarifen und der Schnelligkeit der kommunalen Verkehrsmittel und vom Motorisierungsgrad der Arbeitskräfte ab. Da es sich bei den Arbeitsleistungen ferner nicht um Ubiquitäten handelt, sind Beschaffungspotentialüberlegungen für die Standortwahl bedeutsam. Es ist also zu prüfen, ob innerhalb des einem Ort zugehörigen Pendelradius' eine hinreichende Zahl von Arbeitskräften mit der erforderlichen Arbeitsqualität gegeben ist, und wie sich die Arbeitskosten – vor allem die Löhne und Gehälter – räumlich differenzieren. Entspricht auch die in der größtmöglichen Pendelzone verfügbare Quantität und Qualität der Arbeitskräfte nicht dem betrieblichen Bedarf, so kommt der betreffende Ort als Betriebsstandort nur dann in Frage, wenn die Heranziehung der fehlenden Kräfte im Wege der Umsiedlung möglich ist. Dies würde bedeuten, daß sich der Betrieb nicht den gegebenen räumlichen Beschaffungspotentialverhältnissen anpaßt, sondern diese Verhältnisse von sich aus verändert, also eine Dynamik des Standortfaktors Arbeit bewirkt. Eine solche Veränderung setzt jedoch eine gewisse räumliche Beweglichkeit (Mobilität) der Arbeitskräfte voraus, die aus verschiedenen Gründen nicht immer gegeben ist.

dd) Fremddienste

Unter „Fremddiensten" verstehen wir immaterielle Leistungen, die der Betrieb von anderen Unternehmungen bezieht. Von den Arbeitsleistungen unterscheiden sich die Dienstleistungen also dadurch, daß ihre Träger selbständig sind, während die Träger der Arbeitsleistungen unselbständige Tätigkeiten ausüben. Es handelt sich bei den Dienstleistungen um die Wahrnehmung von H i l f s f u n k t i o n e n (Beispiele: Reparaturwerkstätten, Lackierereien) oder um die Ausübung von N e b e n f u n k t i o n e n (Beispiele: Rechts- und Steuerberater, Versicherungen); ihre Inanspruchnahme ergibt sich daraus, daß die betreffenden Funk-

tionen aus dem Betrieb ausgegliedert und betriebsfremden Organen übertragen werden.
Hinsichtlich der Übernahme von Hilfsfunktionen ist der Einzugsradius für Dienstleistungen sowohl aus Transportkosten- als auch aus Transportzeitgründen relativ begrenzt; so ist etwa ein weiter und daher kostspieliger und zeitraubender Versand von reparaturbedürftigen Aggregaten oder zu lackierenden Produktteilen kaum tragbar. Für Unternehmungen, die auf derartige betriebsfremde Hilfsleistungen in nennenswertem Umfange angewiesen sind, spielen – da es sich bei Hilfsbetrieben, die auf bestimmte Verrichtungen spezialisiert sind, nicht um Ubiquitäten handelt – die entsprechenden örtlichen Beschaffungspotentiale also eine bedeutsame standortliche Rolle; die Quantität und Qualität und die Preise der örtlichen Dienstleistungsbetriebe sind bei der Standortplanung in Betracht zu ziehen. Dagegen ist die Inanspruchnahme von Dienstleistungen, die in der Ausübung von Nebenfunktionen bestehen, kaum transportempfindlich, ihre Bedeutung für die betriebliche Standortwahl ist daher sehr gering.

ee) Materialien und Waren

Materialien (Roh-, Hilfs- und Betriebsstoffe, Halbfabrikate) und Waren sind in der Regel transportable Beschaffungsgüter. Ihre Bedeutung für die betriebliche Standortwahl ist also von dem Ausmaß ihrer Transportempfindlichkeit abhängig.
Für die einzelnen Materialien stufen sich die betrieblichen Einzugsgebiete stark ab, so daß eine generelle Aussage nicht getroffen werden kann. Bei einer großen Zahl von Rohstoffen sind Gewicht und Raumbeanspruchung im Verhältnis zum Wert recht hoch, insbesondere dann, wenn es sich um Gewichtsverlustmaterialien handelt; die Relationen zwischen Gewicht und Wert bzw. Raumbeanspruchung und Wert ergeben hier also vergleichsweise sehr viel höhere Quotienten als bei Anlagegütern. Die hieraus resultierende Transportkostenempfindlichkeit hat in bestimmten Fällen eine sehr enge Begrenzung des Beschaffungsspielraums zur Folge. Gerade hier kommt jedoch den herrschenden Transportverhältnissen besondere Bedeutung für die Ausdehnung des Einzugsgebietes zu. Werden Rohstoffe – etwa aus standortpolitischen (raumordnungspolitischen) Gründen – mit Rücksicht auf ihren geringen

Wert zu stark begünstigten Tarifen befördert, so wird das betriebliche Einzugsgebiet gewissermaßen auf „künstlichem" Wege erweitert; der gleiche Effekt tritt ein, wenn für das Tarifsystem die degressive Entfernungsstaffelung charakteristisch ist oder wenn degressive Mengenstaffelung besteht und das Material in großen Mengen je Beschaffungsakt bezogen wird.

Bei Rohstoffen, die durch Verderblichkeit oder Schwund charakterisiert sind, ist das Beschaffungsgebiet aus Transportzeitgründen begrenzt.

Bei den Betriebsstoffen liegt in der Regel eine beträchtliche Transportkostenempfindlichkeit vor; für Kohle ergibt sich ein recht hoher Quotient aus Gewicht und Wert, und elektrischer Strom kann aus entfernt gelegenen Elektrizitätswerken nur unter Inkaufnahme von Leistungsabfall und Ausstrahlung, also zu stark steigenden Transportkosten, bezogen werden. Hinsichtlich des Einzugsgebietes für Kohle besteht jedoch ebenfalls eine starke Abhängigkeit von der Staffelung der Beförderungstarife.

An Hilfsstoffen ist der betriebliche Bedarf im allgemeinen zu gering, als daß sich aus größeren Entfernungen zu den Lieferanten spürbare Kostenerhöhungen ergeben könnten.

Halbfabrikate weisen je nach dem Grad ihre Nähe zum Endprodukt eine entsprechend geringere Transportkostenempfindlichkeit auf.

Der größte Einzugsradius besteht in der Regel für Fertigwaren, also Güter, die keinem Verarbeitungsprozeß unterliegen und fast immer den Charakter von Reinmaterialien haben. Da in ihnen alle technisch bedingten Werterzeugungsvorgänge im wesentlichen enthalten sind, ist hier der Quotient aus Gewicht bzw. Raumbeanspruchung und Wert und somit die Transportempfindlichkeit relativ gering. Eine Begrenzung des Beschaffungsgebiets tritt lediglich dann ein, wenn die Waren vor dem Kauf besichtigt werden müssen oder leicht verderblich sind, oder wenn es dem Betrieb trotz geringer Lagermöglichkeiten auf sofortige Lieferbereitschaft ankommt.

Es ergibt sich als allgemeine Tendenz, daß das Material-Einzugsgebiet vor allem für Betriebe mit großem Bedarf an Roh- und Betriebsstoffen, die Gewichtsverlustmaterialien mit hohem Gewicht, großer Raumbeanspruchung und geringem Wert darstellen, eng begrenzt ist, und zwar um so mehr, je größer der betreffende Materialindex ist. Für die Standortwahl dieser Betriebe ist also das Beschaffungspotential für Materia-

lien von erheblicher Bedeutung; es müssen daher die Quantitäts-, Qualitäts- und Kostendifferenzierungen in den Einzugsgebieten alternativer Standorte miteinander verglichen werden.
Dagegen sind die Bezugsradien für Fertigwaren im allgemeinen relativ groß, so daß die Standortwahl der Betriebe, die sich – wie der Handel – auf die Beschaffung derartiger Güter beschränken, in der Regel von Beschaffungspotentialüberlegungen wenig abhängig ist, sofern sich nicht aus besonderen Umständen eine Transportempfindlichkeit ergibt.

ff) Kredit

Der Beschaffungsradius für Kredite ist in der Regel begrenzt; dieser Umstand ist vor allem darin begründet, daß bei den Kreditgebern – insbesondere also den Banken – aus Sicherheitsgründen in der Regel die Neigung besteht, Kredite bevorzugt an die in ihrem Wirtschaftsraum gelegenen Betriebe zu vergeben. Aus diesem Sachverhalt folgt die allgemeine Tendenz, daß die Beschaffung der für die Finanzierung der Produktion erforderlichen Kredite die Existenz von Kreditbanken in der dem Einzugsgebiet entsprechenden näheren Umgebung des Betriebes voraussetzt.
Die kreditwirtschaftlich hoch entwickelten Kulturländer sind heute jedoch in einem Maße mit Bankfilialen überzogen, daß selbst kleinere Orte oft hinreichende Finanzierungsmöglichkeiten aufweisen. Auch die Kreditkosten pflegen sich in diesen Ländern nicht in wesentlichem Umfange räumlich zu differenzieren; dadurch kommt das Beschaffungsgut „Kredit" dem Charakter der Ubiquität recht nahe.
Anders ist die Sachlage jedoch in kredittechnisch wenig entwickelten Ländern. Hier sind die Kreditbeschaffungsmöglichkeiten innerhalb des Landes u. U. auf wenige Finanzzentren beschränkt, so daß sich die Enge des Kreditbeschaffungsgebiets standortlich auswirkt. Bei der Standortplanung fallen dann Beschaffungspotentialüberlegungen in bezug auf das Beschaffungsgut „Kredit" ins Gewicht; es müssen also die örtlich erhältlichen Kreditmengen und -qualitäten (Leihfristen, Sicherheitsquoten) sowie die örtlichen Kreditkosten (Zins-, Diskont- und Lombardsätze) beachtet werden.

gg) Leistungen der Gebietskörperschaften

Jede betriebliche Tätigkeit spielt sich im Rahmen eines staatlichen Verbandes ab, dessen Leistungen mit seiner Existenz schlechthin verbunden sind und die daher auch notwendig der einzelnen Unternehmung zugute kommen. Diese Leistungen stellen eine strukturelle Voraussetzung des Betriebsgeschehens überhaupt dar, dessen Ablauf durch das staatliche Ordnungsgefüge politisch und rechtlich gesichert wird; von ihrer Beschaffung kann somit nur im weiteren Sinne gesprochen werden.
In den Kulturländern ist die Quantität und Qualität der obrigkeitlichen Leistungen innerhalb der Landesgrenzen überall in gleichem Maße gegeben, so daß es nicht sinnvoll wäre, hier von einer regionalen Differenzierung zu sprechen; in solchen Ländern haben die Leistungen der Gebietskörperschaften hinsichtlich ihrer Qualität und Quantität gewissermaßen den Charakter von „Ubiquitäten". In kulturell rückständigen Ländern finden sich jedoch administrativ und exekutiv wenig entwikkelte Gebiete, in denen die Ansiedlung eines Betriebes mit erheblichen Risiken verbunden ist; hier sind die obrigkeitlichen Leistungen in quantitativer und qualitativer Hinsicht räumlich durchaus unterschiedlich. Eine räumliche Differenzierung besteht jedoch auch in den Kulturländern hinsichtlich der Kosten, die der Staat den Unternehmungen als generelle Leistungsentgelte in Form von Abgaben auferlegt. Von diesen Abgaben (Steuern, Gebühren und Beiträgen) spielen unter Standortgesichtspunkten vor allem die kommunalen Steuerunterschiede eine gewisse Rolle. Dabei sind direkte und indirekte Steuerersparnisse zu unterscheiden; direkte Steuerersparnisse drücken sich in einer niedrigeren Steuerzahlung aus, während indirekte Steuererleichterungen beispielsweise darin bestehen, daß eine besonders „wirtschaftsfreundliche" Handhabung der an sich einheitlichen Steuergesetze durch die zuständige Finanzverwaltung die finanzielle Belastung der Unternehmung vermindert.

b) Beschaffungskontakte

Die kontinuierliche und betriebliche vorteilhafte Beschaffung der Einsatzgüter ist nicht nur vom standortgebundenen Beschaffungspotential, sondern auch davon abhängig, inwieweit es dem Betrieb gelingt, ein gegebenes Beschaffungspotential auszuschöpfen. Diese Realisierung der Beschaffungsmöglichkeiten wird durch die Aufnahme von Beschaffungskontakten erleichtert.

Träger dieser Beschaffungskontakte sind die am Ort gegebenen beschaffungsfördernden Einrichtungen. Hierzu gehören Wirtschaftsbehörden, Arbeitsvermittlungszentralen, Kammern, Verbandssekretariate, Marktforschungsinstitute, Zeitungen, Ausstellungen, Messen, Börsen, Vermittler u. a. m. Derartigen beschaffungsfördernden Einrichtungen kommt insbesondere bei angespanntem Beschaffungsmarkt, also namentlich in Zeiten der Hochkonjunktur, erhebliche Bedeutung zu.

Die Relevanz der Beschaffungskontakte für die betriebliche Standortwahl ergibt sich aus ihrer regionalen Differenziertheit; da die Ausstattung mit Beschaffungsmittlern an den einzelnen Orten unterschiedlich ist, läßt sich von zwei Orten mit gleichen Beschaffungspotentialen dieses Potential an dem Ort günstiger realisieren, der besser mit beschaffungsfördernden Einrichtungen ausgestattet ist.

Im Hinblick auf die einzelnen Beschaffungsgüter kommt der Ausstattung des Standorts mit Beschaffungsmittlern unterschiedliches Gewicht zu. Die Anwesenheit beschaffungsfördernder Einrichtungen für Betriebsraum (Grundstücksmakler) ist standortlich kaum von Bedeutung, da es sich hierbei um einmalige oder – bei Betriebserweiterungen – selten eintretende Maßnahmen handelt.

Ähnlich ist die Sachlage hinsichtlich der Anlagegüter wegen der relativ langen Intervalle, die zwischen den einzelnen Beschaffungsakten liegen.

Größer ist die Bedeutung der Beschaffungskontakte für die Realisierung des Arbeitsbeschaffungspotentials; Orte mit leistungsfähigen Arbeitsvermittlungszentralen und weit verbreiteten Insertionsorganen bieten unter diesem Gesichtspunkt gewisse Standortvorteile.

Für die Fremddienste hat das Vorhandensein beschaffungsfördernder Einrichtungen im allgemeinen geringes Gewicht.

Von besonderer Wichtigkeit sind die Beschaffungskontakte jedoch für die Material- und Warenbeschaffung, insbesondere bei großer Entfernung zu den Bezugsorten; in diesem Fall wird die Ausstattung mit beschaffungsfördernden Einrichtungen u. U. zur wesentlichsten Standortvoraussetzung.

Auch für die Kreditbeschaffung auf den nichtorganisierten Geld- und Kapitalmärkten, wie sie insbesondere bei kleineren Betrieben anzu-

treffen ist, bieten Orte mit beschaffungsfördernden Einrichtungen (Kreditvermittler, Insertionsmöglichkeiten) Standortvorteile.
Nun ist es evident, daß die Bedeutung der Beschaffungskontakte um so größer wird, je weiter die Entfernung zu den Lieferanten, je ausgedehnter also das betriebliche Einzugsgebiet ist. Während die Standortrelevanz des örtlichen Beschaffungs*potentials* mit wachsender Ausdehnung des Bezugsgebietes schwindet, nimmt die der Beschaffungs*kontakte* mit steigender Ausdehnung des Bezugsgebietes zu, sofern es sich nicht auch bei den transportunempfindlichen Beschaffungsgütern um betriebsindividuelle Ubiquitäten handelt. Bei extrem weitem Beschaffungsgebiet kann der Standortfaktor „Beschaffungskontakte" daher entscheidende Bedeutung erlangen.

2. Interner Gütereinsatz (Transformation)

In Wirtschaftszweigen, die einen Produktionsprozeß nicht nur im ökonomischen, sondern auch im technischen Sinne vollziehen, die also die Beschaffungsgüter einem physischen Umwandlungsprozeß („Transformationsprozeß") unterwerfen (Industrie, Landwirtschaft usw.) tritt zum externen Gütereinsatz (Beschaffung) der *interne* Gütereinsatz; ein interner Gütereinsatz tritt ferner bei bestimmten Dienstleistungsbetrieben auf, und zwar dann, wenn – wie bei den Transportbetrieben – die Erbringung der Dienstleistungen an den Vollzug technischer Vorgänge geknüpft ist.
Standortrelevant wird der interne Gütereinsatz, wenn bestimmte *natürliche* oder *technische* Gegebenheiten

1. seinen Vollzug überhaupt erst ermöglichen oder die Kosten dieses Vollzuges in entscheidendem Maße begünstigen, und
2. diese natürlich-technischen Gegebenheiten weder transportabel sind noch den Charakter von Ubiquitäten haben, also örtlich gebundene, lokalisierte Bedingungen des internen Gütereinsatzes darstellen.

Sind diese Voraussetzungen erfüllt, so ist die betriebliche Standortwahl auf solche Orte beschränkt, an denen die erforderlichen natürlichen oder technischen Bedingungen vorhanden sind.

a) Geologische Bedingungen

Bestimmte geologische Verhältnisse haben wir bereits als Standortvoraussetzungen in den Betrieben der Urproduktion (Landwirtschaft, Bergbau, Erdölgewinnung) kennengelernt[50]; da in diesen Wirtschaftszweigen der Boden jedoch den Charakter eines Anlagegutes, eines produktiven Faktors, hat, stellen die geologischen Gegebenheiten hier Qualitätsmerkmale des Beschaffungsgutes „Boden" dar und bilden somit ein Element des örtlichen Beschaffungspotentials.
Anders ist die Sachlage bei bestimmten Transportbetrieben und bei Wasserkraftwerken. Hier erscheinen geologische Verhältnisse als Bedingungen des internen Gütereinsatzes, ohne daß der Boden neben der Betriebsbasisfunktion eine spezifische Produktionsfaktorfunktion inne hat; so stellen etwa die Straßen, in die Güterkraftverkehrsbetriebe ihre Beförderunglinien legen, kein betriebliches Anlagegut dar. Gleichwohl sind gewisse geologische Verhältnisse für die Standortwahl dieser Betriebe von Bedeutung; fehlen sie nämlich, so kann die Leistungserstellung entweder überhaupt undurchführbar oder nur dadurch ermöglicht werden, daß der Kostenaufwand für die künstliche Erstellung der erforderlichen geologischen Verhältnisse in Kauf genommen wird (Beispiel: Bau eines Eisenbahntunnels oder einer Pumpspeicheranlage).
Das Vorliegen der benötigten geologischen Gegebenheiten am Standort stellt also zumindest einen – oft erheblichen – Kostenvorteil dar.

b) Klimatische Verhältnisse

Klimatische Bedingungen des internen Gütereinsatzes treten als wesentliche Standortvoraussetzungen in der Landwirtschaft, bei einigen Industriezweigen und bei gewissen Transportbetrieben (Luftverkehr) auf. Dabei ist jedoch der Unterschied zwischen dem „Außenklima" und dem „Innenklima" von Bedeutung. Betriebe, deren interner Gütereinsatz vom Außenklima abhängt, (Landwirtschaft, Luftverkehr) sind standortlich an die erforderlichen Klimabedingungen stärker gebunden, da sich das Außenklima nur schwer auf künstlichem Wege beeinflussen läßt.

[50] Vgl. S. 58.

Industriebetriebe dagegen können das erforderliche Innenklima durch Klimaanlagen künstlich erzeugen und vom Außenklima abschirmen; in diesem Fall hat das Vorliegen geeigneter Außenklimaverhältnisse am Standort jedoch den Vorteil, daß sich der Bau von Klimaanlagen erübrigt, also Kostenvorteile eintreten.

c) Technische Agglomeration

In einigen Industriezweigen ist für den internen Gütereinsatz schließlich die Möglichkeit zur technischen Agglomeration von wesentlicher Bedeutung, und zwar ausschließlich in der Weise, daß der räumliche Zusammenschluß mehrerer Betriebe erhebliche Kosteneinsparungen zur Folge hat; Standorte, an denen die Möglichkeit zur technischen Agglomeration gegeben ist, bieten also gegenüber anderen den Vorteil, daß hier die Produktion zu geringeren Stückkosten durchführbar ist.
Wird die Agglomeration auf der Gütereinsatzseite als selbständiger Standortfaktor aufgefaßt, so ist stets zu beachten, daß es sich dabei lediglich um die „technische", Agglomeration handeln kann, worauf bereits *Alfred Weber* nachdrücklich hinwies[51]. Konzentriert sich eine Vielzahl von Betrieben mit eng begrenztem Material- oder Arbeitseinzugsgebiet auf die Orte mit großem Material- bzw. Arbeitsbeschaffungspotential, so entsteht diese räumliche Konzentration nicht aus dem Bestreben, Agglomerationsvorteile wahrzunehmen, sondern daraus, günstige Material- oder Arbeitsbeschaffungsmöglichkeiten zu nutzen; für die räumliche Ballung hat also nicht das Vorhandensein anderer Betriebe, sondern das örtliche Material- bzw. Arbeitsbeschaffungspotential den Ausschlag gegeben. Wir müssen demnach zwischen der Ballung aus dem Agglomerationsmotiv und der Ballung aus Beschaffungsmotiven scharf trennen, und wollen im erstgenannten Fall von „echter" (reiner) Agglomeration, im zweiten Fall von „unechter" (zufälliger) Agglomeration sprechen. Nur für die aus dem Agglomerationsmotiv räumlich konzentrierten Betriebe stellt das Vorhandensein anderer Betriebe einen Standortfaktor, nämlich einen Kostenvorteil, dar; für die aus Beschaffungsmotiven zusammengeballten Unternehmungen ist das Vorhandensein anderer Betriebe dagegen

[51] Vgl. S. 14 f.

eher von Nachteil, da sich damit die Intensität der örtlichen Beschaffungskonkurrenz verstärkt und sich somit das örtliche Beschaffungspotential vermindert.

B. Absatz und Standort

Wir haben bisher ausschließlich solche standortlichen Tatbestände ins Auge gefaßt, deren Berücksichtigung Voraussetzung für die technische Durchführbarkeit oder die Wirtschaftlichkeit der Leistungserstellung ist. Kriterium der lediglich auf den Gütereinsatz bezogenen Standortüberlegungen ist daher der einsatzoptimale Standort, d. h. die Durchführung der Produktion zu minimalen Stückkosten, soweit die Kosten vom Standort des Betriebes bestimmt werden.

Nun entspricht dieser einsatzoptimale Standort offenbar nur dann dem – als Ziel der Standortplanung unterstellten – gewinnmaximalen Standort, wenn er zugleich eine gewinnoptimale Erlössituation, d. h. gewinnoptimale Absatzmengen und Absatzpreise, gewährleistet. Diese Entsprechung ist notwendig immer dann gegeben, wenn das Absatzgebiet des Betriebes vergleichsweise sehr groß ist, im Extremfall also die ganze Welt umfaßt, wie etwa bei einigen Investitionsgüterindustrien. Hier würde bei gleichen Absatzpreisen jedes Abweichen vom einsatzoptimalen Standort – von einigen wichtigen, später zu erörternden Ausnahmefällen abgesehen – die Erlössituation unverändert lassen, dagegen die Kosten erhöhen und somit den Gewinn mindern. Die Erlössituation des Betriebes ist dann von seinem Standort unabhängig, Absatzüberlegungen sind für die Standortplanung irrelevant, der einsatzoptimale (kostenminimale) Standort fällt mit dem gewinnmaximalen) Standort zusammen.

Diese Identität von kostenminimalem und gewinnmaximalem Standort ist jedoch nicht notwendig gegeben, wenn das Absatzgebiet des Betriebes vergleichsweise sehr eng ist, im Extremfall gewissermaßen „punktuellen“ Charakter hat, wie das näherungsweise bei einigen Betriebstypen des Einzelhandels der Fall ist; dann kann es sein, daß sich die Erlössituation des Betriebes am einsatzoptimalen Standort so ungünstig gestaltet, daß eine Leistungserstellung an diesem Platz unrentabel ist. Andererseits ist es möglich, daß der Betrieb an einem Ort mit regional hohen Kosten infolge der dort günstigen Absatzverhältnisse eine vergleichsweise hohe Rendite erzielt. Bei dieser Konstellation spielt letztlich die standortabhängige Erlössituation die entscheidende Rolle, während Beschaffungsüberlegungen nur dann von Bedeutung sind, wenn zugleich auch der betriebliche Beschaffungsradius begrenzt ist. Für die Frage, inwieweit die betriebliche Standortwahl von Absatzgesichtspunkten bestimmt wird, ist also die Größe des betrieblichen Absatzgebietes von grundlegender Bedeutung. Ist die Absatzleistung überhaupt nicht transportabel – wie etwa bei der Baustellenfertigung –, so ist die Ausdehnung des Absatzgebietes gleich Null, die Leistungserstellung muß sich am Absatzort selbst vollziehen. Hinsichtlich der transportablen Absatzgüter ist die Ausdehnung des Absatzgebietes davon abhängig, über welche Entfernung zum Abnehmerort (Firmensitz bzw. Wohn- oder Aufenthaltsort der Abnehmer) hinweg der Absatz wirtschaftlich möglich ist. Eine mehr oder weniger starke Begrenzung des Absatzgebietes und damit eine entsprechende Bedeutung des Absatzes für die Standortwahl kann sich aus folgenden Gründen ergeben:

1. Aus dem Gesichtspunkt der Absatzkosten
   a) in der Industrie,
      aa) wenn die im Produkt enthaltenen Materialien überwiegend Ubiquitäten (im objektiven Sinne) darstellen, so daß es sich für ortsferne Abnehmer gegenüber den am Absatzort hergestellten Erzeugnissen gleicher Art stark verteuern würde, und wenn die Übernahme der Absatzkosten durch den Lieferbetrieb bei weiten Entfernungen unrentabel wäre. Die hieraus resultierende Begrenzung des Absatzgebietes ist dabei um so größer, je höher die Frachtkosten sind, die das Produkt auf Grund seiner Eigenart je Werteinheit verursacht;
      bb) wenn das Produkt auf Grund bestimmter Merkmale (Sperrigkeit, Zerbrechlichkeit usw.) höhere Transportkosten verursacht als die Beförderung der Einsatzmaterialien, die diese Merkmale nicht aufweisen. Auch in diesem Falle wäre der Betrieb auf weit entfernten Absatzmärkten nicht mehr konkurrenzfähig; die Übernahme der Absatzkosten würde Unrentabilität zur Folge haben;

b) im Einzelhandel, wenn bei den Verbrauchern der Einkaufswert je Einkaufsakt so gering ist, daß sie bei längeren Einkaufswegen unangemessen hohe Beschaffungsspesen aufwenden müßten. Verstärkt wird die hieraus resultierende Tendenz zum Einkauf in unmittelbarer Nähe der Wohn- bzw. Aufenthaltsorte dann, wenn die geringen Einkaufswerte mit hoher Einkaufshäufigkeit (Einkaufsfrequenz) korrespondieren; in diesem Falle wären die Beschaffungsspesen der Verbraucher je Periode bei weiten Einkaufswegen auch in absoluten Beträgen unverhältnismäßig hoch.
   Die sich aus diesen Umständen ergebende Begrenzung des betrieblichen Absatzgebietes kann in der Regel auch nicht dadurch vermieden werden, daß der Betrieb die Absatzkosten übernimmt, da die Frei-Haus-Lieferung an eine große Zahl von Kunden über größere Entfernungen hinweg bei geringen Einkaufswerten und hoher Einkaufsfrequenz unrentabel wäre. Der Frei-Haus-Lieferung steht bei einer großen Zahl von Gütern ferner entgegen, daß die Käufer eine Auswahl zu treffen und daher das Sortiment zu besichtigen wünschen; außerdem wäre die Bestellung selbst mit technischen Schwierigkeiten, u. U. auch mit unangemessen hohen Kosten verbunden;
c) im Großhandel, wenn bei weiten Entfernungen zu den Abnehmern die Absatzkostenbelastung – sei es für den Großhändler selbst oder für den Abnehmer – so groß ist, daß eine spürbare Minderung des Rentabilitätsgrades oder Unrentabilität eintritt, und zwar
   aa) beim Aufkaufgroßhandel infolge großen Ubiquitätenanteils und hoher Transportkosten je Werteinheit des Handelsgutes,
   bb) beim Absatzgroßhandel infolge geringer Lieferwerte je Lieferakt und hoher Lieferfrequenz;
d) bei Transportbetrieben, wenn die Beförderungswerte je Beförderungsakt nicht groß genug sind, um höhere Zubringerkosten zu rechtfertigen;
e) in der Landwirtschaft, wenn die für den Anbau eines Produkts erforderlichen geologisch-klimatischen Bedingungen des internen Gütereinsatzes ubiquitären Charakter haben und das Produkt hohe Transportkosten je Werteinheit verursacht.

2. Aus dem Gesichtspunkt der Absatzzeit:
   a) in der Industrie,
      aa) wenn das Produkt leicht verderblich ist,
      bb) wenn die Lieferzeiten kurz sein müssen, aber die Unterhaltung von Auslieferungslägern an den Absatzorten nicht möglich (Auftragsfertigung) oder unrentabel ist,
   b) im Einzelhandel, wenn die Leistungen der Betriebe der Deckung des kurzfristigen Bedarfs dienen, so daß die Kunden nicht bereit sind, einen längeren Zeitablauf zwischen Entstehung und Deckung des Bedarfs hinzunehmen; auch die hieraus resultierende Tendenz zum Einkauf in unmittelbarer Nähe der Wohn- bzw. Aufenthaltsorte wird sich bei hoher Einkaufsfrequenz verstärken. Der Umstand, daß die Ausdehnung des betrieblichen Absatzgebietes nicht nur durch die Absatzkosten, sondern auch durch die Absatzzeit determiniert wird, ist zugleich eine weitere Begründung dafür, daß die Übernahme der Absatzkosten durch den Betrieb selbst bei Rentabilität dieser Maßnahme zu keiner Erweiterung des betrieblichen Absatzgebietes führen würde, da dem Käufer die durch längere Transportwege bedingte Zeitspanne zwischen Bestellung und Lieferung auch in diesem Fall nicht „abgenommen" werden kann.
      Ferner ist die Einkaufszeit des Verbrauchers zugleich Einbuße an Freizeit und insofern ein nicht-monetärer Kostenfaktor. Wird die Einkaufszeit auf Verdienststunden umgerechnet, so bedeutet dies, daß sich die Beschaffungskosten um die in Geldbeträge umgerechnete Beschaffungszeit erhöhen; hierdurch wird die Tendenz zur Beschaffung in nächster Nähe, wie sie sich aus dem Gesichtspunkt der direkt-monetären Beschaffungsspesen ergibt, erheblich verstärkt. Dieser Kostencharakter der Einkaufszeit verhindert in der Regel auch, daß die Substitution der Einkaufskosten durch die Einkaufszeit einen Nutzenüberschuß erbringt; die Ersparnisse an Fahrtkosten bei Einkäufen zu Fuß werden durch den in Geldeinheiten ausgedrückten Mehraufwand an Zeit meist überkompensiert, abgesehen von der „Unlust", die der eigenhändige Transport größerer oder schwererer Kaufobjekte mit sich bringt;
   c) im Großhandel, wenn das Absatzgut leicht verderblich ist oder die Abnehmer Wert auf kurze Lieferfristen legen,

weil ihre Lagerhaltung aus ökonomischen Gründen (hohe Lagerkosten, rasche Nachfrageschwankungen, geringe Kapitalbasis usw.) kurzgehalten werden muß;

d) bei Transportbetrieben, wenn durch weite Entfernungen der Beförderungslinien von den Orten des Transportbedarfs unangemessen lange Beförderungszeiten entstünden;

e) in der Landwirtschaft, wenn es sich um den Anbau schnell verderblicher Erzeugnisse handelt.

Absatzleistungen, für die eines oder mehrere dieser Kriterien zutreffen, sollen als „transportempfindlich" bezeichnet werden, wobei transport kosten empfindliche und transport zeit empfindliche Leistungen zu unterscheiden sind. Mit steigender Transportempfindlichkeit des Absatzgutes verengt sich das betriebliche Absatzgebiet, mit sinkender Transportempfindlichkeit erweitert es sich.

Die Größe des betrieblichen Absatzgebietes wird jedoch nicht nur durch die Transportempfindlichkeit des Produktes, sondern auch von den am Standort bestehenden Transportverhältnissen bestimmt. Je besser die Ausstattung mit Transportanschlüssen, Transportmitteln und – bei Industrie- und Großhandelsbetrieben – Verladeanlagen ist, und je niedriger die örtlichen Beförderungstarife[52]) und -zeiten sind, desto größer ist der Umkreis, in den die Leistung bei gegebener maximaler Belastbarkeit mit Absatzkosten bzw. Absatzzeiten (in absoluten Beträgen) befördert werden kann. Hinsichtlich der Beförderungstarife kommt dabei – insbesondere für Industriebetriebe – der Tarifstaffelung nach dem Wert des Produktes besondere Bedeutung zu. Werden nämlich Fertigprodukte mit großem Wert zu vergleichsweise hohen Tarifen befördert, so kann es sein, daß die aus der geringen Transportempfindlichkeit der Leistung resultierende große Ausdehnung des Absatzgebietes auf „künstlichem" Wege eingeschränkt wird.

Für Betriebe mit engem Absatzgebiet entsteht bei der Standortplanung somit die Frage, ob und wieweit für die Betriebsleistung Absatzmöglichkeiten innerhalb des Raumes gegeben sind, der dem Umfang des betrieblichen Absatzgebietes entspricht[53].

[52] Das gleiche gilt von den Zollsätzen, die analog den Frachttarifen wirken.

[53] Wie abwegig es ist, wenn der Standortfaktor Absatz zwar nicht – wie bei *Weber* – ausgeklammert, aber gewaltsam in einen Faktor des Gütereinsatzes umzudeuten versucht wird, zeigt in neuerer Zeit die Arbeit von *Heinz Bühler*

Das gleiche Problem liegt vor, wenn das potentielle Absatzgebiet des Betriebes auf Grund geringer Transportempfindlichkeit der Leistung und günstiger Transportverhältnisse zwar groß, das faktische Absatzgebiet aber dadurch begrenzt ist, daß der Betrieb wegen geringer Kapazität lediglich die Belieferung eines bestimmten Ortes plant. Den Standortfaktor, dem in diesen Fällen die dominierende Rolle zufällt, und dem wir im folgenden unsere Aufmerksamkeit zuwenden, bezeichnen wir als örtliches „Absatzpotential".
Nun wurde oben (S. 68) bereits gesagt, daß die Erlössituation für Betriebe mit sehr großem Absatzgebiet zwar grundsätzlich standortunabhängig sei, und ein Abrücken vom einsatzoptimalen Standort bei gleichen Absatzpreisen lediglich die Kosten erhöhe, daß es von dieser allgemeinen Regel aber einige wichtige Ausnahmen gäbe. Es wird sich nämlich zeigen, daß in bestimmten Fällen die Erlössituation auch bei Betrieben mit sehr weitem Absatzgebiet von ihrer Standortwahl abhängt.

1. Absatzpotential

Zwei Merkmale sind es, die das regionale Absatzpotential eines Betriebes konstituieren: die an einem bestimmten Ort erzielbaren Absatzmengen und die an diesem Ort erhältlichen Absatzpreise. Je größer die an einem Standort prospektiv erzielbaren Absatzmengen und je höher die dort erhältlichen Absatzpreise sind, desto größer ist das dem betreffenden Standort zuzusprechende Absatzpotential. Sind die

(Standorttheorie des Handels, Diss., Bern 1949). Nachdem *Bühler* annähernd alle standorttheoretischen Bemühungen von *Weber* bis *Hirsch* als unzulänglich abtun zu können glaubt, identifiziert er die Standortfaktoren mit den volkswirtschaftlichen Produktionsfaktoren Arbeit, Boden und Kapital und setzt die Bodenqualität mit dem Nachfragereichtum am zugehörigen Ort gleich (S. 72 u. 78). Tatsächlich aber haben die regional differierenden Absatzverhältnisse mit den unterschiedlichen Qualitäten des Bodens als Produktionsfaktor (!) überhaupt nichts zu tun. Die Qualität des Bodens in seiner Eigenschaft als Produktionsfaktor wird vielmehr ausschließlich in der Urproduktion standortlich relevant, spielt hingegen für den Standort der Betriebe anderer Wirtschaftsbereiche keine Rolle. Die Verfehltheit der Konstruktion *Bühlers* zeigt jedoch die Unmöglichkeit, die Bestimmungsgründe des Betriebsstandorts nur in der Sphäre des Gütereinsatzes zu suchen.

regional absetzbaren Produktmengen aus irgendeinem Grunde fest gegeben, so bestimmt die örtliche Höhe der erzielbaren Absatzpreise die Größe des Absatzpotentials, während bei örtlich festliegenden Preisen die jeweils erzielbaren Absatzmengen für die Stärke des Absatzpotentials den Ausschlag geben. Insgesamt gesehen ist das Absatzpotential eines Ortes an den Erlösen zu messen, die dort erwartet werden können, sofern die Durchschnittserlöse (Preise) die Stückkosten übersteigen.

Die Größe des Absatzpotentials variiert in regionaler Hinsicht sehr beträchtlich. Will man sie an einem konkreten Standort bestimmen (Absatzpotentialanalyse), so ist es nötig, dem betreffenden Ort ein bestimmtes Absatzgebiet zuzuordnen. Dies geschieht dadurch, daß eine Linie um ihn gezogen wird, die alle Punkte miteinander verbindet, welche sich aus dem Maximalbetrag an Absatzkosten bzw. -zeiten und den jeweiligen Verkehrsverhältnissen ergeben (Isotransportkostenlinie bzw. Isotransportzeitlinie). Die Entfernungen, die den maximalen Absatzkosten oder Absatzzeiten entsprechen, stellen also die Radien des Gebildes dar, zu dem sich diese Linien verkörpern und welches das Absatzgebiet des Betriebes umschließt. Die Absatzmengen und Absatzpreise, die sich innerhalb dieses Gebietes erzielen lassen, konstituieren dann das Absatzpotential, das der betreffende Standort aufweist.

Nun ist es wichtig zu wissen, von welchen Tatbeständen die Größe des Absatzpotentials abhängt, welchen örtlichen Gegebenheiten also bei der Standortplanung unter Absatzgesichtspunkten Beachtung geschenkt werden muß. Daher ist den Bestimmungsgründen nachzugehen, von denen die Höhe des Absatzpotentials bei gegebener Ausdehnung des Absatzgebietes abhängt.

a) Bedarf

Den grundlegenden und daher in der Regel bedeutsamsten Faktor für die Größe des örtlichen Absatzpotentials bildet der im Absatzgebiet für das betriebliche Leistungsprogramm vorliegende Bedarf, dessen Größe sich aus zwei Komponenten zusammensetzt: der Zahl der Bedarfsträger und ihre Bedarfsintensität. Handelt es sich nun bei den Abnehmern um Letztverbraucher (Verbraucherhaushalte), so hängt die Zahl der im Absatzgebiet vorhandenen Bedarfsträger von folgenden Umständen ab:

1. von der Einwohnerdichte. Grundsätzlich kann erwartet werden, daß die Zahl der Bedarfsträger für ein bestimmtes Absatzgebiet mit steigender Einwohnerdichte zunimmt; insoweit lassen die sog. Aktivräume, die eine Vielzahl von Verbraucherhaushalten aufweisen, ungleich höhere Absatzchancen erwarten als die bevölkerungsarmen Passivräume, ein Sachverhalt, der heute mit den standortpolitischen Mitteln der Raumordnung zu kompensieren versucht wird;
2. von der Passantendichte, d. h. von der durchschnittlichen Zahl der Personen, die sich je Zeiteinheit im Absatzgebiet aufhalten, ohne dort wohnhaft zu sein. Hinsichtlich einer Vielzahl von Gütern kann eine geringe Einwohnerdichte im Absatzgebiet durch eine entsprechend große Passantendichte ausgeglichen oder gar überkompensiert werden. Unter dem Gesichtspunkt der Zahl der Bedarfsträger besteht also zwischen beiden Größen eine Substitutionsbeziehung;
3. von der Bevölkerungsstruktur der Einwohner- bzw. Passantenschaft im Absatzgebiet nach Alter, Geschlecht, Beruf usw. Diese Abhängigkeit ist immer dann gegeben, wenn der Betrieb Leistungen erstellt, die bevorzugt oder ausschließlich von bestimmten Bevölkerungsgruppen (Altersklassen, Berufsgruppen, Sozialschichten, Männern oder Frauen usw.) bezogen werden. Je mehr Angehörige der als Käufer der betrieblichen Leistungen in Betracht kommenden Bevölkerungsgruppe ein Absatzgebiet aufweist, desto größer ist die dortige Zahl der Bedarfsträger und damit auch das Absatzpotential, das dem in diesem Absatzraum liegenden Standort zugesprochen werden kann;
4. von den Verbrauchsgewohnheiten der Bevölkerung im Absatzgebiet. Wird die Güterart, der die Betriebsleistung zugehört, in bestimmten Gebieten gewohnheitsmäßig beim Verbrauch bevorzugt – und zwar ganz allgemein, also unabhängig von den spezifischen Gewohnheiten bestimmter Bevölkerungsgruppen –, so wird die Zahl der Bedarfsträger für die Betriebsleistung in diesen Gebieten größer sein als in Räumen mit andersgearteten Verbrauchsgewohnheiten.

Die zweite Komponente des Bedarfs, die Bedarfsintensität, ist offenbar von der Einwohner- und Passantendichte unabhängig. Wohl aber wird die örtliche Bedarfsintensität – beim Absatz an Verbraucherhaushalte – wiederum bestimmt durch:

1. die Bevölkerungsstruktur im Absatzgebiet. Dies ist immer dann der Fall, wenn sich die Bedarfsträger für die betriebliche Absatzleistung zwar aus allen Bevölkerungsschichten gleichermaßen rekrutieren, aber die Nutzenschätzung und somit der mengenmäßige Bedarf je Periode bei bestimmten Gruppen besonders groß ist;
2. die im Absatzgebiet herrschenden Verbrauchsgewohnheiten. Diese Abhängigkeit zeigt sich darin, daß in bestimmten Gebieten gewisse Leistungsarten ganz generell – also durchgehend durch alle Bevölkerungsschichten – gegenüber anderen bevorzugt werden.

Diese Bestimmungsgründe für die Zahl der Bedarfsträger und für die Bedarfsintensität im Absatzgebiet gelten – wie erwähnt – grundsätzlich für alle Unternehmungen mit engen Absatzradien, die an Verbraucherhaushalte liefern. Anders ist die Sachlage, wenn als Abnehmer des Betriebes vornehmlich oder ausschließlich Unternehmungen in Frage kommen. In diesem Fall ist die Zahl der Bedarfsträger im Absatzgebiet abhängig von der Zahl der Unternehmungen, die auf Grund ihres Leistungsprogramms oder ihrer Leistungsmethode als potentielle Käufer des Betriebserzeugnisses zu betrachten sind, während die Bedarfsintensität von der Kapazität dieser Unternehmungen und der Eigenart ihrer Leistungsmethode abhängt. Soweit jedoch die Abnehmerbetriebe ihrerseits an Letztverbraucher absetzen und zugleich enge Absatzgebiete aufweisen, können die obengenannten Bestimmungsgründe für die Zahl der Bedarfsträger und die Bedarfsintensität als mittelbare Bedarfsindices herangezogen werden.

b) Kaufkraft

Das Vorhandensein eines dem geplanten Leistungsprogramm entsprechenden Bedarfs ist jedoch nur eine notwendige, aber keine hinreichende Bedingung der absatzgerechten Standortplanung, da sich der Bedarf erst in Verbindung mit der zu seiner Deckung erforderlichen Kaufkraft zur Nachfrage und damit zum Absatz der Betriebsleistung effektuiert. Das Absatzpotential hängt bezüglich der Kaufkraftverhältnisse gewissermaßen vom „Einkaufspotential" der im Absatzgebiet vorhandenen Bedarfsträger ab. Dieses Einkaufspotential ist, soweit es sich um den Absatz an Haushalte handelt, durch das Einkommen der Verbraucher bestimmt, während für den Absatz an Wirtschaftsbetriebe außerdem die Kapital- und Liquiditätsverhältnisse maßgeblich sind. Es ist daher auch die regionale Differenzierung der Kaufkraft in Betracht zu ziehen.

Allgemein bieten reiche Gebiete mit hohem Einkommensniveau und guten Kapital- und Liquiditätsverhältnissen bessere Absatzmöglichkeiten als arme Landstriche oder Notstandsgebiete, da bei der Mehrzahl der Güter die Nachfrage mit steigendem Einkommen zunimmt. Die Standortwahl in kaufkraftstarken Gegenden ist jedoch vor allem für Betriebe notwendig, deren Absatzleistungen der Deckung des gehobenen Bedarfs dienen, also teure oder gar luxuriöse Varianten der betreffenden Leistungsgattung darstellen. Für derartige Güter mag zwar auch in einkommenschwachen Gebieten Bedarf bestehen, jedoch wird die Nachfrage infolge Kaufkraftmangels gering bleiben.

Anders ist die Sachlage, wenn Leistungen angeboten werden, bei denen die Nachfrage mit steigendem Einkommen zurückgeht („inferiore" Güter). Für den Absatz billiger Massenware bieten sich gerade Areale mit geringerer Kaufkraft als vorteilhaft an. Betriebe schließlich, die Leistungen erstellen, bei denen die Nachfrage weder positiv noch negativ mit dem Einkommen der Käufer korreliert, sondern relativ einkommensunelastisch ist, sind in ihrer Standortwahl von den regionalen Kaufkraftverhältnissen weitgehend unabhängig.

c) Absatzkonkurrenz

Die Größe des Absatzpotentials ist ferner von den im Absatzgebiet herrschenden Konkurrenzverhältnissen abhängig. Hierbei kommt es auf die Zahl und Größe dort ansässiger Unternehmungen an, die Güter anbieten, welche den eigenen Betriebsleistungen ökonomisch gleichen oder in dicht-substitutivem Verhältnis zu ihnen stehen. Weist ein Absatzgebiet gegenüber anderen eine größere Zahl von Wettbewerbern auf, so muß dort im allgemeinen mit relativ geringeren Absatzmengen und weniger günstigen Absatzpreisen gerechnet werden.

Wird nämlich die regionale Absatzkonkurrenz im Hinblick auf ihr Zusammenwirken mit den Faktoren „Bedarf" und „Kaufkraft" analysiert, so zeigt sich, daß aus den Bedarfs- und Kaufkraftverhältnissen ein regionales „Gruppenabsatzpotential" entsteht, das sich nach Maßgabe der Konkurrenzintensität auf die betriebsindividuellen Absatzpotentiale verteilt[54]. Bei Konstanz des Gruppenabsatzpotentials wird jede Verschärfung der Absatzkonkurrenz die Größe der betriebsindividuellen Absatzpotentiale vermindern; hieraus resultiert die Tendenz zur „Konkurrenzmeidung".
Bei der regionalen Konkurrenzanalyse interessiert ferner die Frage, in welchem Maße es dem Betrieb möglich sein wird, in das betreffende Absatzgebiet „einzubrechen", inwieweit es ihm also gelingen wird, das Interesse der Abnehmer für sein Leistungsprogramm zu wecken und/oder sie zum Wechsel ihrer bisherigen Bezugsquellen zu veranlassen. Unter diesem Gesichtspunkt lassen Gebiete, deren Bevölkerung stark traditionsverhaftete, gewohnheitsmäßige Verhaltensweisen zeigt, schlechtere Absatzmöglichkeiten erwarten als Räume mit „aufgeschlossenen", für jeden Wechsel empfänglichen Bewohnern.

d) Absatzagglomeration

Unter bestimmten Voraussetzungen kann es sein, daß gerade durch die Konzentration zahlreicher branchengleicher Betriebe auf engem Raum die Abnehmer von diesem Ort angezogen werden, so daß die örtlichen Absatzmöglichkeiten durch die Zunahme der Konkurrenz nicht geschmälert, sondern verbessert werden. In solchen Fällen ist das Gruppenabsatzpotential nicht konstant, sondern positiv-variabel; es dehnt sich infolge vermehrter Konkurrenz aus, so daß sich auch die durchschnittlichen betriebsindividuellen Absatzpotentiale vergrößern. Es besteht also nicht die Tendenz zur Konkurrenzmeidung, sondern zur „Konkurrenzanziehung". Wir bezeichnen diesen Sachverhalt als „Absatzagglomeration".
Zum selbständigen Standortfaktor wird diese Absatzagglomeration in der Regel von einem – im Einzelfall jeweils unterschiedlichen – örtlichen

[54] Das Gruppenabsatzpotential stellt also eine absatzwirtschaftliche Entsprechung zum Gruppenbeschaffungspotential und zur Gruppenkapazität dar.

Konzentrationsgrad an, der als „Agglomerationsschwelle" zu kennzeichnen ist; nimmt die Häufung der Betriebe jedoch weiter zu, so wird von einem weiteren Punkte an – der „Agglomerationsgrenze" – das Absatzpotential für jeden einzelnen Betrieb wieder sinken.

War auf der Gütereinsatzseite scharf zwischen der Ballung aus dem Agglomerationsmotiv („echte" Agglomeration) und der Ballung aus Beschaffungsmotiven („unechte" Agglomeration) zu unterscheiden, so ist die echte Agglomeration auf der Absatzseite streng von der allgemeinen Ballung aus Absatzmotiven zu trennen. Häufen sich z. B. Einzelhandelsbetriebe einer bestimmten Branche generell in den Großstädten, so geschieht das mit Rücksicht auf die Absatzpotentialfaktoren „Bedarf" und „Kaufkraft"; dagegen ist das Vorhandensein der Wettbewerber grundsätzlich unerwünscht, es wird lediglich in Kauf genommen, weil die beiden „positiven" Faktoren des am Absatzort gegebenen Absatzpotentials diesen Nachteil überkompensieren. Erst im Fall der Konkurrenzanziehung wird das Vorhandensein anderer Betriebe selbst zu einem Standortfaktor; ein derartiger Standort ist absatzgünstig nicht trotz, sondern wegen der Konkurrenz, und dieser Sachverhalt ist auch gemeint, wenn im populären Sprachgebrauch davon die Rede ist, daß „die Konkurrenz das Geschäft hebe". Hier liegt also eine Ballung aus dem Agglomerationsmotiv, eine echte Agglomeration auf der Absatzseite vor.

Ein weiterer Fall der echten absatzwirtschaftlichen Agglomeration ist dann gegeben, wenn sich Betriebe, die nicht miteinander konkurrieren, sondern verschiedenen Branchen angehören, an bestimmten Plätzen im Hinblick auf die Verbundenheit des Bedarfs der Abnehmer häufen. Bei diesem Agglomerationstyp werden die Kunden dadurch vom Agglomerationsort angezogen, daß dort die Beschaffung verschiedenartiger Gütergattungen in einem Einkaufsgang ermöglicht wird („One-Stop-Shopping"). Auch in diesem Fall steigt das Absatzpotential für alle räumlich konzentrierten Betriebe gerade durch ihre Häufung im Agglomerationsfeld.

Gegenüber den Faktoren „Bedarf", „Kaufkraft" und „Konkurrenz", die ausschließlich das Absatzpotential von Betrieben mit engem Absatzradius bestimmen, weist der Faktor „Absatzagglomeration" die Besonderheit auf, daß er auch für das Absatzpotential von Betrieben mit weitem Absatzgebiet von Bedeutung sein kann. So erlangen bestimmte

Orte gerade durch die Anhäufung zahlreicher Exporthandelsbetriebe bei den ausländischen Abnehmern den Ruf leistungsfähiger Einkaufszentren und ziehen dadurch die Auftraggeber an.

e) Herkunfts-Goodwill

Gewisse Orte zeichnen sich dadurch aus, daß an ihnen die Herstellung bestimmter Leistungsgattungen Tradition geworden ist, so daß ein dort produziertes Erzeugnis den Ruf besonderer Qualität genießt („Solinger Stahl", „Bielefelder Wäsche" usw.). Läßt sich der Betrieb an einem Ort nieder, für den hinsichtlich der geplanten Leistungsgattung eine derartige Präferenz vorliegt, so besteht der Vorteil, daß die Absatzleistungen des Betriebes die entsprechende Herkunftsbezeichnung gewissermaßen als regionales Gütezeichen tragen, und daß an diesem Ort daher mit einem größeren Absatzpotential zu rechnen ist. Wir bezeichnen diesen Umstand als „Herkunfts-Goodwill". Als Faktor des Absatzpotentials hat der Herkunfts-Goodwill die Eigenart, daß er gerade für Betriebe mit weitem Absatzradius von Bedeutung ist.

f) Staatliche Absatzhilfen

Die Größe des an einem Ort gegebenen Absatzpotentials ist schließlich auch von den Maßnahmen abhängig, die von seiten des Staates getroffen werden, um die Absatzlage der dort ansässigen Unternehmungen zu fördern. Mit derartigen Absatzhilfen kann vornehmlich in Notstandsgebieten gerechnet werden, wo sie die Funktion haben, den hinsichtlich des Bedarfs und der Kaufkraft bestehenden Nachteilen kompensatorisch entgegenzuwirken. Zu ihnen gehören neben der Vergabe öffentlicher Aufträge insbesondere die staatlichen Subventionen, die als Verlustübernahmen, Wirtschaftlichkeits- und Preisgarantien u. ä. auftreten. In Verbindung mit den obenerwähnten staatlichen Beschaffungshilfen[55] können diese Maßnahmen geeignet sein, den in Notstandsgebieten zu befürchtenden Rentabilitätsmangel weitgehend zu korrigieren und die Diskrepanz zwischen einzel- und gesamtwirtschaftlichem Interesse aufzuheben.

[55] Vgl. S. 56.

2. Absatzkontakte

Der Begriff „Absatzpotential" schließt ein, daß es sich nicht um einen Tatbestand handelt, der einen bestimmten Absatz mengen- und preismäßig gleichsam von selbst verbürgt, sondern daß die potentielle Nachfrage gemeint ist, die ein Absatzgebiet repräsentiert; wir haben daher stets von „Absatzmöglichkeiten" gesprochen. Der Absatz, der an alternativen Standorten effektiv erzielt wird, hängt mithin auch davon ab, in welchem Maße sich die potentielle Nachfrage in aktuelle, wirksame Nachfrage überführen läßt, in welchem Umfange also die jeweiligen Absatzmöglichkeiten realisiert werden können. Die Mittlerstellung, von der die Aktualisierung des potentiellen Absatzes bewirkt wird, nehmen die „Absatzkontakte" ein.

Träger dieser Absatzkontakte sind die am Standort vorhandenen absatzfördernden Einrichtungen. Hierzu gehören Werbeagenturen, Marktforschungsinstitute, Zeitungen und Zeitschriften, Druckereien, Messen, Ausstellungen, Börsen, Industrie- und Handelskammern, Fachverbände der prospektiven Abnehmer, Makler, Vermittler u. a. m.; für Betriebe des Außenhandels kommen ferner konsularische Vertretungen der Importländer und Außenhandelsabteilungen der Banken, Ausfuhrförderungsstellen u. dgl. hinzu.

Auch die Ausstattung mit derartigen Institutionen ist regional differenziert; mit einem gegebenen Betrag an aktiven Verkaufskosten wird sich daher das Absatzpotential am stärksten dort realisieren lassen, wo die vergleichsweise beste Besetzung mit Absatzmittlern gegeben ist.

Die Bedeutung, die das Vorhandensein absatzfördernder Einrichtungen für die betriebliche Standortwahl hat, ist nun um so größer, je ausgedehnter das Absatzgebiet der Unternehmung ist. Für Betriebe mit sehr engem Absatzradius ist die Anwesenheit von Absatzmittlern am Standort naturgemäß ohne Interesse. Dagegen kann es sein, daß für Betriebe mit extrem weitem Absatzgebiet die Realisierung des Absatzpotentials weitgehend von der Möglichkeit zur Aufnahme von Absatzkontakten abhängt; in diesem Fall erhält die örtliche Ausstattung mit Absatzmittlern bei der Standortplanung erhebliches Gewicht.

IV. Standortorientierungen und Standorttendenzen

Mit der Aussage über die „Standortorientierung" eines Betriebes soll zum Ausdruck gebracht werden, welchem Faktor oder welchen Faktoren bei der Standortwahl die dominierende („primäre") Rolle zufällt. Gemäß unserer Faktorensystematik ergeben sich daher zunächst folgende Orientierungstypen:

1. Gütereinsatzorientierung
   a) Beschaffungsorientierung
   b) Transformationsorientierung (Orientierung an den natürlich-technischen Bedingungen des internen Gütereinsatzes)
2. Absatzorientierung.

Ist die Leistungserstellung von natürlich-technischen Standortbedingungen unabhängig, so kann die Standortwahl beschaffungsorientiert, absatzorientiert oder sowohl beschaffungs- als auch absatzorientiert sein. Welcher Orientierungstyp im Einzelfall vorliegt, hängt dann offensichtlich von der Ausdehnung des betrieblichen Beschaffungs- und Absatzgebietes ab. Kombiniert man die möglichen Größenverhältnisse, die zwischen den Einzugs- und den Absatzradien bestehen können, so ergeben sich folgende typische Standortorientierungen:

1. Ist das Beschaffungsgebiet eng, das Absatzgebiet weit, so stellt das Beschaffungspotential den primären Standortfaktor dar; der Betrieb ist beschaffungsorientiert.
2. Ist sowohl das Beschaffungsgebiet als auch das Absatzgebiet begrenzt, so müssen bei der Standortplanung die örtlichen Beschaffungspotentialverhältnisse und Absatzpotentialverhältnisse als primäre Standortfaktoren ins Auge gefaßt werden; es besteht kombinierte Beschaffungs- und Absatzorientierung.
3. Bei weitem Beschaffungsgebiet und engem Absatzgebiet wird das Absatzpotential zum primären Standortfaktor; es liegt Absatzorientierung vor.

4. Bei großer Ausdehnung sowohl des Beschaffungsgebiets als auch des Absatzgebiets erlangen die Beschaffungs- und Absatzkontakte primäre Bedeutung; es besteht kombinierte Beschaffungs- und Absatzkontaktorientierung.

Nun besagt der Umstand, daß bei einer bestimmten Radienkonstellation ein Standortfaktor oder mehrere Standortfaktoren primären Charakter haben und somit für die Standortorientierung konstitutiv sind, noch nicht, daß diese Faktoren auch die einzigen sind, auf die es bei der Standortplanung ankommt; vielmehr sind daneben „sekundäre" und „tertiäre" Standortfaktoren zu berücksichtigen. So haben die Beschaffungs- und Absatzkontakte zwar nur im Fall 4 – weite Ausdehnung des Beschaffungs- und des Absatzgebietes – primäre Bedeutung. Die Beschaffungskontakte erlangen jedoch sekundäres Gewicht, wenn lediglich das Beschaffungsgebiet weit ausgedehnt ist; entsprechend sind die Absatzkontakte von sekundärer Bedeutung, wenn sich lediglich das Absatzgebiet weit erstreckt. Als tertiärer Standortfaktor fungieren die Beschaffungs- bzw. Absatzkontakte dagegen dann, wenn das Beschaffungs- bzw. Absatzgebiet begrenzt ist. Schließlich müssen wir uns darauf besinnen, daß die Absatzpotentialfaktoren „Herkunfts-Goodwill" und „Absatzagglomeration" auch bei großer Ausdehnung des Absatzgebietes für die Größe des Absatzpotentials relevant sein können und daher unter Umständen auch bei der Standortplanung für Betriebe mit weitem Absatzradius beachtet werden müssen; somit treten diese beiden Tatbestände in den Fällen 1. und 4. als „Eventualfaktoren" auf. Berücksichtigt man die Sekundär-, die Tertiär- und die Eventualfaktoren bei den vier obengenannten Orientierungstypen, so ergibt sich folgendes Bild:

1. Bei engem Beschaffungsgebiet und weitem Absatzgebiet treten zum Beschaffungspotential als primärem Standortfaktor die Absatzkontakte als Sekundärfaktor, die Beschaffungskontakte als Tertiärfaktor sowie Herkunfts-Goodwill und Absatzagglomeration als Eventualfaktoren hinzu.
2. Bei engem Beschaffungs- und engem Absatzgebiet erscheinen neben dem Beschaffungs- und dem Absatzpotential als dominierenden Bestimmungsgründen der Standortwahl lediglich die Beschaffungs- und Absatzkontakte als tertiäre Faktoren.
3. Bei weitem Beschaffungs- und engem Absatzgebiet

sind neben dem Primärfaktor „Absatzpotential" die Beschaffungskontakte als Sekundärfaktor und die Absatzkontakte als Tertiärfaktor zu beachten.

4. Bei weitem Beschaffungs- und weitem Absatzgebiet treten zu den primären Standortfaktoren „Beschaffungs- und Absatzkontakte" lediglich der Herkunfts-Goodwill und die Absatzagglomeration als Eventualfaktoren hinzu.

Nun wissen wir, daß die Ausdehnung der Beschaffungs- und Absatzradien nicht nur von der Transportempfindlichkeit der Beschaffungsgüter bzw. Absatzleistungen, sondern auch von den am Standort gegebenen Transportverhältnissen abhängt. Da sich die Transportverhältnisse räumlich differenzieren, beinhaltet dieser Umstand, daß sich die Standortbestimmung gewissermaßen in einem Zirkel bewegt: Einerseits determiniert die Ausdehnung des Bezugs- und Absatzgebietes die Standortorientierung, andererseits aber wird die Ausdehnung des Bezugs- und Absatzgebiets – soweit sie von den örtlichen Transportverhältnissen abhängt – selbst vom Betriebsstandort bestimmt. Bei gegebener Transportempfindlichkeit der Beschaffungs- und Absatzgüter kann das Bezugs- und Absatzgebiet je nach den örtlichen Transportverhältnissen am Standort A ausgedehnt, am Standort B dagegen begrenzt sein. Wir haben es also mit einem für die ökonomische Realität durchaus typischen Wechselwirkungszusammenhang zu tun, wie wir ihm etwa auch in der Preistheorie (Abhängigkeit des Preises von Angebot und Nachfrage, Abhängigkeit des Angebots und der Nachfrage vom Preis) begegnen. Dieser Sachverhalt hat zur Folge, daß immer dann, wenn die Ausdehnung des Bezugs- und Absatzgebietes im wesentlichen Umfange von den Transportverhältnissen abhängt, neben den jeweiligen Primärfaktoren die örtlichen Transportverhältnisse als Parallelfaktor mitberücksichtigt werden müssen, der ebenfalls stets primären Rang hat. Lediglich bei Transportunfähigkeit und bei extrem großer oder extrem geringer Transportempfindlichkeit der Beschaffungs- und Absatzgüter sind die örtlichen Transportverhältnisse ohne Bedeutung für die Standortwahl. Als Beispiel für die extrem geringe Transportempfindlichkeit eines Bezugs- oder Absatzgutes sei das Platin genannt; extrem groß ist etwa die Transportempfindlichkeit der Absatzgüter des ambulanten Handels auf Sportveranstaltungen, Versammlungen usw. Hierbei handelt es sich jedoch um Grenzfälle, die für die Wirklichkeit nicht typisch sind; in der Regel tritt daher neben die

jeweilige Beschaffungs- und/oder Absatzorientierung des Betriebes die Transportorientierung als Parallelorientierung hinzu.
Wir wollen die bisher erörterten Orientierungsprinzipien nunmehr in einem Schaubild übersichtlich zusammenstellen, wobei vorausgesetzt wird, daß die betriebliche Leistungserstellung von natürlich-technischen Standortbedingungen unabhängig ist. (Siehe Tabelle S. 86)
Dabei ist jedoch zu beachten, daß die betrieblichen Beschaffungs- und Absatzgebiete in der Realität nicht immer eindeutig groß oder eindeutig begrenzt sind, sondern daß sich ihre Ausdehnung abstuft; punktuelle und weltumspannende Bezugs- und Absatzgebiete sind Grenzfälle. Daher sind die Standorte der Unternehmungen häufig nicht eindeutig beschaffungs- oder absatzorientiert, sondern mehr oder weniger von der einen oder von der anderen Komponente bestimmt, wobei der Umstand Gewicht erhält, ob das Beschaffungsgebiet größer als das Absatzgebiet oder das Absatzgebiet größer als das Beschaffungsgebiet ist. Um jedoch Aussagen über typische Orientierungen der Standortwahl treffen zu können, ist es notwendig, Zäsuren vorzunehmen und die Bezugs- und Absatzradien der Betriebe als begrenzt oder ausgedehnt zu typisieren.
Mit der Charakterisierung der Bezugs- und Absatzgebiete als „weit" oder „eng" ist weiterhin nichts über ihre effektive geographische Ausdehnung gesagt. Es ist nicht möglich, über ihre Größe generell nach geographischen Entfernungen zu entscheiden. Bei der Frage, ob das betriebliche Bezugs- oder Absatzgebiet bei einer bestimmten geographischen Ausdehnung als weit oder eng zu bezeichnen ist, kommt es vielmehr auf den Wirtschaftszweig an, dem der Betrieb angehört. So sind die Absatzgebiete der Nachbarschaftsgeschäfte des Einzelhandels auf die nach Metern zu beziffernde engste Umgebung begrenzt, während sich enge industrielle Absatzradien auf das Gebiet einer Großstadt und auf deren näheren Umkreis erstrecken können. Die Absatzgebiete der Seeschiffahrtslinien und der Seehäfen schließlich dehnen sich – durch natürliche (geologische) Umstände bedingt – in der Regel auf ganze Länder oder Landesteile aus; gemessen an den Maßstäben der interkontinentalen Raumüberwindung, der diese Betriebe dienen, sind sie gleichwohl als eng zu bezeichnen. Ein generell gültiger geographischer Index für die Ausdehnung der betrieblichen Bezugs- und Absatzradien ist also nicht gegeben.

Typen der Standortorientierung bei Unabhängigkeit des internen Gütereinsatzes von natürlich-technischen Bedingungen

Fall	Beschaffungsgebiet	Absatzgebiet	Standortorientierung	*Primäre Standortfaktoren*	Sekundäre Standortfaktoren	Tertiäre Standortfaktoren	Eventualfaktoren	Parallelfaktor	Parallel-Orientierung
								bei nicht extrem großer oder extrem geringer Transportempfindlichkeit der Beschaffungs- und Absatzgüter	
(1)	eng	weit	Beschaffungsorientierung	*Beschaffungspotential*	Absatzkontakte	Beschaffungskontakte	Herkunftsgoodwill, Absatzagglomeration	Transportverhältnisse	Transportorientierung
(2)	eng	eng	Beschaffungs- und Absatzorientierung	*Beschaffungspotential, Absatzpotential*	—	Beschaffungskontakte, Absatzkontakte	—		
(3)	weit	eng	Absatzorientierung	*Absatzpotential*	Beschaffungskontakte	Absatzkontakte	—		
(4)	weit	weit	Beschaffungs- und Absatzkontaktorientierung	*Beschaffungskontakte, Absatzkontakte*	—	—	Herkunftsgoodwill, Absatzagglomeration		

Berücksichtigt man nun in den Fällen 1. bis 3. den Umstand, welche betrieblichen Beschaffungsgüter jeweils durch enge Einzugsgebiete charakterisiert sind oder auf welche Absatzpotentialfaktoren es bei engem Absatzradius primär ankommt, so lassen sich die bisher aufgewiesenen Orientierungstypen in folgender Weise verfeinern:

1. Beschaffungsorientierung
   a) Betriebsraumorientierung
   b) Anlagenorientierung
   c) Arbeitsorientierung
   d) Orientierung an Fremddiensten
   e) Material (Rohstoff- oder Energie-)– bzw. Warenorientierung
   f) Kreditorientierung
   g) Orientierung an den Leistungen des staatlichen Verbandes, insb. Steuerorientierung
2. Absatzorientierung
   a) Bedarfsorientierung
   b) Kaufkraftorientierung
   c) (negative) Konkurrenzorientierung
   d) Agglomerationsorientierung

Beim Fall 4. läßt sich entsprechend von „Kontaktorientierung" sprechen. Kommen schließlich in den Fällen 1. und 4. die Eventualfaktoren zum Zuge, so kann hier eine Orientierung an der Absatzagglomeration und/oder am Herkunfts-Goodwill auftreten.
Nunmehr soll die Voraussetzung fallen gelassen werden, daß der betriebliche Leistungsvollzug von natürlich-technischen Standortbedingungen unabhängig ist. In diesem Fall ändert sich das Orientierungsschema in folgender Weise:

1. Haben die natürlich-technischen Standortbedingungen die Eigenart, daß sie den Vollzug des internen Gütereinsatzes überhaupt erst ermöglichen – wie es bei bestimmten Betrieben hinsichtlich des Außenklimas der Fall ist –, so stellen sie einen primären Standortfaktor dar; zur Beschaffungs- und/oder Absatzorientierung tritt die Transformationsorientierung hinzu.
2. Hat das örtliche Vorhandensein der internen Gütereinsatzbedingungen nur die Wirkung, daß sich die Kostensituation des Betriebes verbessert – wie durch die technische Agglomeration in der Verbundindustrie –, so wird ihnen nur zweitrangige Bedeutung zu-

kommen; in diesem Fall haben sie den Charakter eines sekundären Standortfaktors.

Wenden wir uns nunmehr dem Begriff der „Standorttendenz" zu. Hiermit soll zum Ausdruck gebracht werden, an welchem Standortfaktor oder an welchen Standortfaktoren sich ein bestimmter Wirtschaftszweig oder ein Betriebstyp innerhalb dieses Zweiges im Regelfall orientiert. Die Feststellung einer Standorttendenz für einen Wirtschaftszweig oder Betriebstyp beinhaltet also nicht, daß alle Unternehmungen des betreffenden Zweiges oder Betriebstyps ihre Standortwahl notwendig in der angegebenen Weise treffen oder tatsächlich getroffen haben; sie besagt lediglich, daß die aufgewiesene Standortorientierung in der Mehrzahl der Fälle gegeben sein wird. So läßt sich etwa sagen, daß die Industriebetriebe tendenziell gütereinsatzorientiert sind, der Handel dagegen tendenziell absatzorientiert ist, wodurch nicht ausgeschlossen wird, daß bestimmte Industriezweige absatzorientiert und bestimmte Handelszweige gütereinsatzorientiert sind. Genauere Aussagen können erst getroffen werden, wenn innerhalb eines Wirtschaftszweiges bestimmte Betriebstypen ins Auge gefaßt und diese nach der Art ihres Leistungsprogramms, nach der Größe und nach der Methode der Leistungserstellung differenziert werden. Zwar ist es angesichts der in der Realität herrschenden Formenfülle auch dann nicht möglich, zu generell gültigen Ergebnissen zu gelangen; aber es läßt sich dadurch die Prägnanz der herauszuarbeitenden Standorttendenz in dem Maße erhöhen, das für praktische Standortentscheidungen im allgemeinen erforderlich ist.

V. Ermittlung des optimalen Standorts

Bei der Ermittlung des optimalen Standorts muß von der Standortorientierung des Betriebes ausgegangen werden. Unterstellen wir zunächst, daß der Leistungsvollzug von natürlich-technischen Standortbedingungen unabhänigig ist, so ergeben sich für die einzelnen Orientierungstypen folgende Optimalbedingungen:

1. Stellt das Beschaffungspotiential den primären Standortfaktor dar, so sind den alternativen Standorten Beschaffungsgebiete nach Maßgabe der Transportempfindlichkeit der Beschaffungsgüter und der örtlichen Transportverhältnisse zuzuordnen. Sodann sind die Beschaffungsgebiete der alternativen Standorte auf die Größe ihrer Beschaffungspotentiale hin zu vergleichen. Je nach der geplanten Betriebsgröße ergeben sich dabei Mindestanforderungen, denen die einzelnen Orte hinsichtlich der Beschaffungspotentialverhältnisse genügen müssen; Plätze, die das entsprechende Mindestbeschaffungspotential (kritisches Beschaffungspotential) nicht aufweisen, sind von der Standortüberlegung auszuschließen. Die Orte mit günstigen Beschaffungspotentialverhältnissen sind schließlich darauf hin zu untersuchen, inwieweit sie Vorteile im Hinblick auf die Sekundär-, die Tertiär- und die Eventualfaktoren bieten. Optimal ist der Standort, der das vergleichsweise größte Beschaffungspotential und die vergleichsweise besten Bedingungen hinsichtlich der Sekundär-, Tertiär- und Eventualfaktoren aufweist.
2. Hat das Absatzpotential die Bedeutung des primären Standortfaktors, so müssen den alternativen Standorten nach Maßgabe der Transportempfindlichkeit der Absatzgüter und der herrschenden Transportverhältnisse Absatzgebiete zugeordnet werden, die auf die Stärke des Absatzpotentials hin zu vergleichen sind. Je nach der geplanten Betriebsgröße ergibt sich ein Mindestabsatzpoten-

tial (kritisches Absatzpotential), dem die betreffenden Absatzgebiete genügen müssen; andernfalls sind sie standortungeeignet. Die Orte mit günstigen Absatzpotentialverhältnissen sind sodann auf die Bedingungen hin zu untersuchen, die sie hinsichtlich der Sekundär- und Tertiärfaktoren bieten. Als optimal ist der Standort zu bezeichnen, dessen Absatzgebiet durch das vergleichsweise größte Absatzpotential und durch die relativ beste Ausstattung mit Sekundär- und Tertiärfaktoren charakterisiert ist.

3. Kommt sowohl dem Beschaffungs- als auch dem Absatzpotential primäre Bedeutung zu, so sind die unter 1. und 2. angestellten Überlegungen miteinander zu kombinieren.
4. Haben die Beschaffungs- und Absatzkontakte den Rang primärer Standortfaktoren, so ist der Ort optimal, der die vergleichsweise beste Besetzung mit beschaffungs- und absatzfördernden Einrichtungen und die günstigsten Bedingungen hinsichtlich der Eventualfaktoren aufweist.

Ist der interne Gütereinsatz von natürlich-technischen Standortbedingungen abhängig, so müssen neben den örtlichen Potential- und Kontaktverhältnissen die geologischen und klimatischen Gegebenheiten bzw. die Möglichkeiten zur technischen Agglomeration untersucht werden. Optimal ist dann der Standort, der neben dem jeweiligen beschaffungs- und/oder absatzbezogenen Primärfaktor die günstigsten natürlich-technischen Bedingungen aufweist.

In allen Fällen muß versucht werden, die an den alternativen Standorten zu erwartenden Kosten- und Erlösgrößen prognostisch abzuschätzen (Standortkalkulation)[56], wobei zu beachten ist, daß sich – wenn die Absatzpreise gegeben sind – bei größeren Absatzmengen nicht nur die Erlöse erhöhen, sondern auch eine Degression der Stückkosten infolge besserer Kapazitätsausnutzung eintritt; günstige Absatzpotentialverhältnisse wirken also auf die Rationalität des internen Gütereinsatzes zurück.

Die für die Ermittlung des optimalen Standorts bedeutsamen Informationen über die an den alternativen Standorten herrschenden

[56] Vgl. hierzu *Rößle, Karl:* a.a.O., S. 55; ferner *Rüschenpöhler, Hans:* Der Standort industrieller Unternehmungen als betriebswirtschaftliches Problem. Abhandlungen aus dem Industrieseminar der Universität zu Köln, Heft 6, Berlin 1958, S. 180 ff.

Beschaffungs- und Absatzverhältnisse und natürlich-technischen Gegebenheiten können sich auf drei Quellen stützen:

1. auf die persönlichen Beschaffungs- und Absatzmarkterfahrungen des Unternehmers. Dann ist das Wissen um regionale Marktverhältnisse bereits vorhanden und wird für die Standortüberlegungen „aktiviert". Hinzu treten im Hinblick auf die Dynamik der Marktgegebenheiten bestimmte Erwartungen, die in der subjektiv-gefühlsmäßigen Schau der zukünftigen regionalen Beschaffungs- und Absatzverhältnisse fundiert sind;
2. auf Markterkundung[57], d. h. auf unsystematisches, mehr oder minder willkürliches „Hineinhorchen" in den Markt. Hierbei wird also auf Informationsquellen zurückgegriffen, die außerhalb der persönlichen Erfahrungen und Vermutungen des Unternehmers liegen, und die entweder unmittelbar[58], d. h. durch Ermittlung neuer Marktdaten, oder mittelbar[58], d. h. durch sekundärstatistische Auswertung bereits vorhandenen Materials gewonnen werden.
   Zur unmittelbaren Markterkundung gehören Gespräche und Korrespondenzen mit Kunden und Lieferanten, Erfahrungsberichte der Reisenden und Vertreter und Auskünfte amtlicher und nichtamtlicher Institutionen (Katasterämter, Grundstücksmakler, Vermittlungszentralen, Arbeitsämter usw.). Bei der mittelbaren Markterkundung handelt es sich um die Durchsicht von Branchen- und Firmenberichten in Wirtschaftszeitungen, Fachzeitschriften und Mitteilungsblättern der Fach- und Berufsverbände sowie der Anzeigenteile regionaler Zeitungen und Zeitschriften;
3. auf Marktforschung[59], d.h. auf systematische, mit Hilfe wissenschaftlicher Methoden durchgeführter Analysen der regionalen Beschaffungs- und Absatzmärkte. Auch die Marktforschung kann sich auf unmittelbarem oder mittelbarem Wege vollziehen; in der Regel müssen sich hier die Unternehmungen jedoch mit mittelbaren Untersuchungen begnügen, da unmittelbare Erhebungen – besonders wenn es sich um die Standortplanung eines neugegründeten Be-

[57] Vgl. hierzu *Behrens, Karl Chr.:* Demoskopische Marktforschung, Wiesbaden 1961, S. 24 f.

[58] Ebenda, S. 27 f.

[59] Ebenda, S. 14 f., 28 f.

triebes handelt – den organisatorischen Rahmen der betrieblichen Marktforschungsabteilung überschreiten. Als auszuwertende mittelbare Unterlagen sind amtliche Regionalstatistiken, Marktberichte von Wirtschaftsforschungsinstituten und Banken, ferner Branchenadreßbücher, Handelsregisterauszüge und regionale Steuergesetze und -verordnungen zu nennen: insbesondere seien Spezialunterlagen wie die Kreisblätter und Standortkarten des Instituts für Raumforschung und die Untersuchungsreihe „Die westdeutschen Großstädte als Absatzzentren" oder die Kaufkraftkennziffern der Gesellschaft für Konsumforschung, Berlin-Nürnberg, hervorgehoben. Derartige mittelbare Untersuchungen werden – sofern das auszuwertende Material nicht veraltet ist – für die Analyse der regionalen Beschaffungsverhältnisse in der Regel ausreichen. Dagegen kann es sein, daß auswertbare Unterlagen für die regionalen Absatzchancen des speziellen betrieblichen Leistungsprogramms nicht erhältlich sind. In diesem Falle wird eine unmittelbare systematische Marktanalyse unerläßlich, mit deren Durchführung ein betriebswirtschaftliches Marktforschungsinstitut zu beauftragen ist.

Die Fundierung der Standortplanung auf die persönlichen Erfahrungen des Unternehmers setzt langjährige Branchenkenntnis und ausgeprägte unternehmerische Intuition voraus; sie wird sich in der Regel nur auf Standortalternativen innerhalb begrenzter Wirtschaftsgebiete erstrecken können und nur bei kleineren Betrieben mit größerer standortlicher Mobilität, also geringerem Standortrisiko, ausreichend sein. Werden der Standortplanung die durch Markterkundung gewonnenen Beobachtungen und Informationen zugrunde gelegt, so ist damit stets die Gefahr verbunden, daß wesentliche Fakten übersehen wurden, da die so durchgeführten Ermittlungen meist lückenhaft und stets unrepräsentativ sind. Es empfiehlt sich daher, die Ergebnisse der Markterkundung an den Resultaten einer mittelbaren Marktforschung zu überprüfen und gegebenenfalls zu korrigieren. Die Absatzchancen spezieller Leistungsprogramme lassen sich jedoch meist nicht mittelbar aus der Vergangenheit ableiten. Daher ist es namentlich bei größeren Unternehmungen mit entsprechend höherem Kapitalrisiko notwendig, die regionale Differenzierung der Absatzvorteile durch unmittelbare Marktforschung seitens eines Marktforschungsinstituts mit hinreichender Zuverlässigkeit ermitteln zu lassen.

Verglichen mit den Elementen des Absatzpotentials beziehen sich derartige Untersuchungen vor allem auf die Bedarfs-, Kaufkraft- und Konkurrenzverhältnisse der in Betracht kommenden regionalen Märkte. Durch Bedarfsforschung werden Abnehmerdichte und Bedarfsintensität, durch Kaufkraftforschung die regionalen Einkommens-, Kapital- und Liquiditätsverhältnisse und durch Konkurrenzforschung die Zahl der Konkurrenzbetriebe, ihre Größe, ihre Absatzpolitik (Preisstellung, Werbung, Produktgestaltung usw.) überschaubar gemacht. Ebenso können die absatzsteigernde Kraft eines bestimmten Herkunfts-Goodwills und der Grad ermittelt werden, in dem die Abnehmer Agglomerationsorte bevorzugen.

VI. Standorteinheit und Standortspaltung

Bei den bisherigen Erörterungen wurde grundsätzlich von der Annahme ausgegangen, daß es sich bei der Standortplanung um die optimale Wahl eines Betriebsstandorts handelt, daß sich also das Betriebsgeschehen an einem einzigen Ort vollziehen soll (Prinzip der Standorteinheit). Nun zeigt die Realität jedoch zahlreiche Fälle, in denen sich der betriebliche Leistungsvollzug an mehreren Standorten abspielt; wir bezeichnen eine solche Dezentralisierung („Filialbildung") als „Standortspaltung" und wollen nunmehr nach den Bedingungen fragen, die eine Standortspaltung notwendig machen können. Dabei zeigt sich, daß es folgende Tatbestände sind, von denen eine Tendenz zur Dezentralisierung des Betriebsstandorts ausgeht:

1. Heterogenität des betrieblichen Leistungsprogramms,
2. Großer Mengenabsatz je Zeiteinheit,
3. Weite Ausdehnung des betrieblichen Absatzgebietes,
4. Weite Ausdehnung des betrieblichen Beschaffungsgebietes,
5. Räumliche Differenzierung der Kreditverhältnisse oder der Kosten der staatlichen Verbandsleistungen.

Zu 1. Die Struktur des betrieblichen Leistungsprogramms ist heterogen, und zwar

a) infolge horizontaler Gliederung des Absatzprogramms; dies bedeutet, daß eine Mehrheit von Leistungsgattungen abgesetzt werden soll.

aa) Sind die Absatzgebiete für die angebotenen Leistungsgattungen weit, die Einzugsradien aber eng, und differenzieren sich die Beschaffungspotentialverhältnisse im Hinblick auf die für die einzelnen Leistungsgattungen spezifischen Produktionserfordernisse – liegt also Produktionsverwandtschaft der Leistungen nicht vor –, so kann es notwendig sein, jede Leistungsgattung am Ort des größten Beschaffungspotentials zu erstellen. Die gleiche Konsequenz tritt ein, wenn für die Erstellung der einzelnen Leistungsgattungen unterschiedliche Bedingungen des internen Gütereinsatzes von Bedeutung sind. Bestehen bei den Abnehmern für die einzelnen Leistungsgattungen schließlich unterschiedliche örtliche Präferenzen, so kann es sich als zweckmäßig erweisen, jede Produktgattung an dem Ort zu erstellen, der dem Erzeugnis einen wirksamen Herkunfts-Goodwill verleiht.

bb) Sind die Absatzradien der angebotenen Leistungsgattungen dagegen eng, die Beschaffungsradien aber weit, und fallen die Absatzpotentialverhältnisse für die einzelnen Programmteile räumlich auseinander – besteht also keine Bedarfsverwandtschaft der Leistungen –, so ist es zweckmäßig, jede Leistungsgattung dort zu erstellen, wo die entsprechenden Absatzpotentialverhältnisse optimal sind;

b) infolge vertikaler Staffelung des Produktionsprogramms; dies bedeutet, daß im Betriebe nicht nur die Endprodukte, sondern auch die zu ihrer Produktion erforderlichen Vorprodukte hergestellt werden. Sind die Einzugsradien der für die Herstellung der Vorprodukte benötigten Beschaffungsgüter eng und die jeweiligen Beschaffungspotentialverhältnisse regional differenziert, so ist es vorteilhaft, jedes Vorprodukt am Orte des größten Beschaffungspotentials herzustellen. Das gleiche gilt, wenn die einzelnen Vorproduktionen unterschiedliche Bedingungen des internen Gütereinsatzes voraussetzen. Die Montage des Endproduktes kann sich dann an einem Ort der Vorproduktion, aber auch an einem Standort vollziehen, der zwischen den Orten der einzelnen Vorproduktionen liegt.

Die Tendenz zur Standortspaltung verstärkt sich, wenn die unter a) und b) genannten Tatbestände kombiniert auftreten, d. h. wenn differenzierte Leistungsgattungen angeboten und für jede Leistungsgattung auch die entsprechenden Vorprodukte hergestellt werden.

Zu 2. Die Menge der je Zeiteinheit geplanten Absatzleistungen ist groß; auch dies kann zu der Notwendigkeit führen, den Betrieb standortlich in mehrere Teilbetriebe aufzulösen, und zwar

a) bei Unternehmungen mit besonders weitem Absatz- und engem Beschaffungsgebiet, wenn das Beschaffungspotential eines einzigen Ortes nicht ausreicht, um den betrieblichen Bedarf an Beschaffungsgütern zu tragbaren Beschaffungskosten zu decken;

b) bei Betrieben mit engem Absatzradius und weitem Beschaffungsgebiet, wenn das Absatzpotential eines einzigen Ortes nicht zur Unterbringung des gesamten Leistungsumfanges zu vertretbaren Absatzpreisen ausreicht.

Zu 3. Infolge der großen Ausdehnung des betrieblichen Absatzradius' bestehen zu den Abnehmern sehr weite Entfernungen, so daß es an unmittelbarer Fühlungnahme zu ihnen mangelt. In diesem Fall kann der Betrieb – soweit es ökonomisch vertretbar ist – selbständige Handelsvertreter, die an den weit entfernten Absatzorten ansässig sind, mit dem Vertrieb seiner Erzeugnisse beauftragen, oder aber eigene Vertriebsniederlassungen bilden, also Standortspaltungen vornehmen. Die sich aus der Einrichtung derartiger Absatzfilialen (Beratungsstellen, technische Büros) ergebenden „Fühlungsvorteile" ermöglichen das Entstehen persönlicher Beziehungen zur Kundschaft und tragen über die Bildung persönlicher Präferenzen in entscheidendem Maße zum Aufbau eines festen Kundenstamms bei. Für Betriebe mit sehr weitem Absatzgebiet kann eine Standortspaltung also auch bei Homogenität der Leistungen und relativ begrenztem Mengenausstoß notwendig werden.

Ein ähnlicher Fall liegt vor, wenn die geringe Transportkostenempfindlichkeit der Absatzleistungen zwar sehr große Absatzradien ermöglicht, die mit der weiten Entfernung zu den Abnehmern verbundenen langen Lieferfristen jedoch eine Begrenzung des effektiven Absatzgebietes aus Transportzeitgesichtspunkten bewirken. Die aus der geringen Transportkostenempfindlichkeit des Produkts resultierende große Ausdehnung des Absatzgebietes kann dann nur realisiert werden, wenn es gelingt, die Lieferfristen zu verkürzen. Auch dies ist wiederum durch die Unterhaltung von Absatzlägern bei selbständigen Handelsvertretern an den Absatzorten oder durch die Bildung eigener Vertriebsfilialen möglich, die in diesem Fall den Charakter von Auslieferungslägern haben. Ist die Einrichtung eigener Läger unter Rentabilitätsgesichtspunkten vertretbar, so wird es naturgemäß zweckmäßig sein, sie zugleich mit der Herstellung persönlicher Beziehungen zu den Kunden zu be-

trauen; Kontaktaufnahme und Warenauslieferung sind dann in einer Vertriebsfiliale funktionell vereinigt.
Die Standortwahl der Vertriebsfilialen vollzieht sich nach Absatzgesichtspunkten; sie werden vorteilhaft an die Absatzschwerpunkte innerhalb des Absatzgebietes gelegt.
Institutionell bedeutsam ist der Fall, daß der Absatz des Betriebserzeugnisses auf bestimmten ausländischen Märkten von den Regierungen der betreffenden Einfuhrländer nur dann gestattet wird, wenn sich die Produktion oder zumindest die Montage in den betreffenden Staaten selbst vollzieht. Auch dann ist die Realisierung des an sich weiten Absatzgebietes nur möglich, wenn Standortspaltungen vorgenommen, d. h. Zweigbetriebe im Ausland gegründet werden. Für ihre Standortwahl sind in der Regel die gleichen Faktoren maßgeblich wie für die räumliche Lage des Hauptbetriebes; bei der Errichtung von arbeitsintensiven Montagewerken können sich allerdings gewisse Abweichungen ergeben, wenn die Standortwahl des Hauptbetriebes nicht arbeitsorientiert ist.
Gleiche Konsequenzen ergeben sich, wenn die Einfuhrzölle einiger im potentiellen Absatzgebiet gelegener Länder extrem hoch sind. Da Zolltarife die gleichen standortlichen Wirkungen wie Verkehrstarife haben, wird in diesem Fall das von der Transportkostenempfindlichkeit des Absatzgutes her potentiell große Absatzgebiet an bestimmten Sektoren durch partiell ungünstige Transportverhältnisse eingeschränkt. Läßt sich nun die Zollzahlung dadurch vermindern, daß die Montage des betreffenden Produkts im Einfuhrland vorgenommen wird, so kann diese Begrenzung des Absatzgebietes durch Standortspaltung wieder aufgehoben werden.

Zu 4. Infolge extrem weiter Bezugsradien sind die Entfernungen zu den Lieferanten sehr groß, so daß es an unmittelbarer Fühlungnahme zu den Beschaffungsmärkten fehlt. Bei dieser Sachlage kann es notwendig werden, entweder selbständige Handelsvertreter an den Beschaffungsschwerpunkten mit dem Einkauf zu betrauen, oder dort eigene Einkaufsniederlassungen einzurichten. Durch derartige Beschaffungsfilialen erhält der Betrieb die Möglichkeit, unmittelbare Beziehungen zu den Lieferanten aufzunehmen, genaue Informationen über die Preis- und Qualitätsentwicklung auf den Beschaffungsmärkten zu

erlangen und u. U. Belieferungsprioritäten und günstigere Beschaffungskonditionen (Zahlungsbedingungen usw.) zu erhalten.
Ein weiteres Motiv zur Bildung von Beschaffungsfilialen ist dann gegeben, wenn der hohe Wert der Beschaffungsgüter je Gewichts- und Raumeinheit zwar weite Beschaffungsradien ermöglicht, andererseits aber vor dem Einkauf der Beschaffungsgüter ihre Besichtigung notwendig ist, so daß sich aus diesem Grunde eine Transportkostenempfindlichkeit ergibt. Die hieraus resultierende Begrenzung des Bezugsgebiets kann dadurch vermieden werden, daß der Betrieb an den örtlichen Beschaffungsmärkten Beschaffungsfilialen bildet, von denen aus die Besichtigung der Beschaffungsgüter vollzogen wird. Die Standortwahl der Beschaffungsfilialen ist naturgemäß beschaffungsorientiert; sie werden hauptsächlich an den Beschaffungsschwerpunkten gegründet werden.

Zu 5. Innerhalb eines Landes sind die Kreditbeschaffungsmöglichkeiten oder die Kosten der staatlichen Verbandsleistungen regional differenziert. In solchen Fällen kann es sich als zweckmäßig erweisen, den Standort der eigentlichen Leistungserstellung nach dem Gesichtspunkt des Beschaffungspotentials für Betriebsraum, Anlagegüter, Arbeit, Fremddienste oder Materialien bzw. nach Absatzgesichtspunkten zu wählen, den formellen Firmensitz aber dorthin zu legen, wo die kreditären bzw. steuerlichen Bedingungen optimal sind.

Es ergibt sich, daß die Tendenz zur Dezentralisierung des Leistungsvollzuges (Standortspaltung) um so stärker wird, je heterogener die Struktur des Leistungsprogramms, je größer die Menge der abzusetzenden Betriebsleistungen, je ausgedehnter der betriebliche Absatz- oder Einzugsradius und je stärker die Differenzierung der kreditären und steuerlichen Verhältnisse ist. „Durch Zerlegung des Gesamtbetriebes in räumlich getrennte und verschieden große Teilbetriebe können Standortgebundenheiten und Standortvorteile für einzelne Teilprozesse berücksichtigt werden.“ [60]

Überschreitet die Zahl der Teilbetriebe eine gewisse Grenze, so wird in der Regel die Bildung einer Zentrale erforderlich, von der aus die Teilbetriebe koordiniert werden. Beschränkt sich die Zentrale auf

[60] *Alewell, Karl:* Artikel „Filialen“. Handwörterbuch der Betriebswirtschaft, 3. Auflage, Stuttgart 1956, Bd. 1, Spalte 1780.

diese Koordinierungs- oder Steuerungsfunktion, so ist ihr Standort weder an Absatz- noch an Beschaffungspotentialverhältnisse gebunden; er wird dann dort gewählt werden, wo bezüglich der für alle Teilbetriebe generell bedeutsamen Beschaffungsgüter (Kredit, Leistungen des staatlichen Verbandes) die günstigsten Bedingungen gegeben sind. Als Modellfall einer stark dezentralen betrieblichen Standortstruktur kann folgende Konstellation gelten, wobei vereinfachend angenommen werden soll, daß das Absatzprogramm nur zwei heterogene Leistungen umfaßt:

a) Das Absatzgut I, für das ein relativ großes Absatzgebiet, jedoch ein enges Beschaffungsgebiet besteht, wird im ganzen Land L angeboten; zur Herstellung von Absatzkontakten und zur Verkürzung der Lieferfristen werden in 20 Großstädten von L Vertriebsfilialen eingerichtet.
b) Infolge des großen Umfanges, in dem die Absatzleistung I produziert wird, vollzieht sich die Herstellung von I mit Rücksicht auf die örtlich begrenzten Beschaffungspotentiale an den drei Standorten S_1, S_2, S_3.
c) Die für die Herstellung der Absatzleistung I erforderlichen Vorprodukte werden an den Standorten S_2 und S_4 produziert.
d) Das Absatzgut II, für das der Absatzradius sehr gering, der Beschaffungsradius aber groß ist, wird in vier Großstädten G_1, G_2, G_3, G_4 produziert, weil hier die relativ größten Absatzpotentiale vorliegen.
e) Aus steuerlichen Rücksichten und im Hinblick auf günstige Kreditbeschaffungsmöglichkeiten für sämtliche Teilbetriebe wird die zentrale Verwaltung des Gesamtbetriebes an den Standort F (ein Finanzzentrum) gelegt.

VII. Staatliche Begrenzung der Standortwahl

Ist der betriebswirtschaftlich optimale (gewinnmaximale) Standort einer Unternehmung und ihrer Filialen ermittelt, so setzt die Realisierung der Standortplanung voraus, daß die Errichtung der Betriebe an diesen Orten von seiten des Staates sanktioniert wird. Die freie betriebliche Standortwahl kann jedoch auch in verkehrswirtschaftlich organisierten Ländern dadurch eingeschränkt sein, daß der Staat die Betriebserrichtung in bestimmten Gebieten entweder grundsätzlich oder temporär durch Nicht-Genehmigung oder Verbot ausschließt. Derartige Einschränkungen der betrieblichen Standortwahl können sich generell auf ganze Wirtschaftszweige oder speziell auf bestimmte Betriebstypen erstrecken. Folgende Fälle sind dabei von besonderer praktischer Bedeutung:

1. In bestimmten Gebieten wird die industrielle Betätigung allgemein oder die Errichtung bestimmter Industriebetriebstypen grundsätzlich ausgeschlossen, damit der spezifische Charakter dieser Räume (Wohnsiedlungs- oder Erholungsgebiete, historische Stätten, Naturschutzgebiete, Landschaften mit besonderem ästhetischen Reiz usw.) erhalten bleibt.
2. In bestimmten Städten oder Stadtteilen wird die Neugründung von Einzelhandelsbetrieben bestimmter Branchen nicht genehmigt, damit den bereits bestehenden Betrieben ein Wettbewerbsschutz („Standortschutz") zuteil wird; darüber hinaus können auch die unter 1. genannten Gründe maßgeblich werden.
3. Für Unternehmungen, deren Leistungsvollzug den Ablauf gewisser chemischer oder physikalischer Prozesse bedingt, ist die Betriebserrichtung überall dort ausgeschlossen, wo die nähere Umgebung davon gefährdet oder beeinträchtigt wird. Das gilt insbesondere
   a) für Betriebe, deren Produktionsprozeß Abwässer verursacht (z. B. in der chemischen Industrie); hier fallen alle Orte aus, an denen die Abwässer nicht gefahrlos abgeleitet werden können;

b) für Betriebe, deren Leistungsprozeß giftige oder stark riechende Abgase verursacht (z. B. in der Zellstoff- und Textilindustrie);
c) für Betriebe, in denen giftige Abfälle entstehen (z. B. Atomkraftwerke);
d) für Betriebe, deren Leistungserstellung mit starker Geräuschbildung verbunden ist (z. B. Düsenflugplätze);
e) für Betriebe, die Hochspannungsanlagen verwenden (z. B. Elektrizitätswerke).

Ist die unternehmerische Standortwahl aus einem der genannten Gründe eingeschränkt, so müssen bei der Standortplanung von vornherein alle Orte ausgeschieden werden, an denen die Betriebserrichtung nicht möglich ist; es können also nur solche Orte ins Auge gefaßt werden, an denen die behördliche Genehmigung für die Durchführung der Leistungserstellung vorliegt. Dabei kann es durchaus sein, daß die Verwirklichung einer an sich optimalen Standortwahl verhindert wird.

Literaturverzeichnis

Allgemeine Standorttheorie

Alewell, K.: Artikel „Filialen". In: Handwörterbuch der Betriebswirtschaft, 3. Aufl., Stuttgart 1956

Alkjaer, E.: Erhvervslivets Beliggenhedsproblemer. 2. Aufl., Kopenhagen 1953

Alonso, W.: Location Theory. In: Regional Analysis. Selected readings. Hamondsworth 1968

Alt, F.: Industrielle Standortsfragen. In: Zeitschrift für Nationalökonomie, Bd. VI, 1935

Apple, J. M.: Plant Layout and Location. In: Carson, G. B. (Hrsg.): Production Handbook. 2. Aufl., New York 1959

Arndt, H.: Artikel „Standortlehre". In: Handwörterbuch des Kaufmanns, Hamburg–Berlin 1927

Autorenkollektiv: Optimale Zweig- und Standortplanung. Modelle und Methoden. Berlin 1969

Beckmann, Martin: Location Theory. New York 1968

Beckmann, M. J.: An Activity Analysis Approach to Location Theory. In: Kyklos, Vol. VIII, 1955

Behnert, K.; Becker, A.: Das Problem des optimalen Standortes unter Berücksichtigung betriebswirtschaftlicher Gesichtspunkte. In: Ablauf und Planungsforschung, 3, 1962

Behrens, Karl Christian: Zur Typologie und Systematik der Standortlehren. In: Festgabe für Friedrich Bülow zum 70. Geburtstag (hrsg. v. Otto Stammer und Karl C. Thalheim). Berlin 1960

Bigler, W.: Das betriebswirtschaftliche Problem des industriellen Standorts. In: Die Unternehmung, 3. Jg., 1949

Bloech, Jürgen: Optimale Industriestandorte. Würzburg–Wien 1970

Bortkiewicz, L. v.: Eine geometrische Fundierung der Lehre vom Standort der Industrie. In: Archiv für Sozialwissenschaft und Sozialpolitik, Bd. 30, 1910

Bönisch, Rolf: Über Grundsätze der sozialistischen Wirtschaftsführung bei der Planung und Leitung territorialökonomischer Prozesse – eine leitungstheoretische Studie. In: Wissenschaftliche Zeitschrift der Hochschule für Ökonomie Berlin, 11. Jg., 1966, H. 3

Böventer, Edwin von: Bemerkungen zur optimalen Standortpolitik der Einzelunternehmung. In: Jahrbuch für Sozialwissenschaft, Bd. 14, 1963, H. 3

Buchholz, Hans Eberhard: Über die Bestimmung räumlicher Marktgleichgewichte. Meisenheim am Glan 1969

Bülow, Friedrich v.: Zur Standorttheorie des Wirtschaftsliberalismus. In: Raumforschung und Raumordnung, 1. Jg., 1937

Bülow, Friedrich v.: Gedanken zu einer volksorganischen Standortlehre. In: Raumforschung und Raumordnung, 2. Jg., 1938

Christaller, Walter: Die zentralen Orte in Süddeutschland. 2. Aufl., Darmstadt 1968

Churchill, Gilbert A.: Production Technology, Imperfect Competition and the Theory of Location: A Theoretical Approach. In: The Southern Economic Journal, Vol. 34, 1967, No. 1

Cooper, L.: Location – Allocation Problems. In: Operations Research, 11. Jg., 1963

Cooper, L.: Heuristic Methods for Location-Allocation Problems. In: Society for Industrial and Applied Mathematics Review, 6, 1964

Diehl, K.: Artikel „Standort". In: Wörterbuch der Volkswirtschaft, 4. Aufl., Jena 1930

Dittrich, Erich: Standorttheorie und Wirklichkeit. In: Raumforschung und Raumordnung, 6. Jg., 1942

Dowerg, Helmut: Das industrielle Standortsproblem. Eine betriebswirtschaftliche Untersuchung. Diss. Frankfurt/M. 1935

Dudkin, L. M. u. a.: Standortverteilung, Spezialisierung und Kooperation der industriellen Produktion als Probleme der linearen Optimierung. In: Nemtschinow, Dadajan u. a.: Mathematische Methoden in der Wirtschaft. Berlin 1966

Egner, Erich: Der Standort des Haushaltes. In: Schmollers Jahrbuch, 69. Jg., 1949

Egner, Erich: Wirtschaftliche Raumordnung in der industriellen Welt. Bremen-Horn 1950

Engländer, Oskar: Artikel „Standort". In: Handwörterbuch der Staatswissenschaften, 4. Aufl., Jena 1926

Engländer, Oskar: Kritisches und Positives zu einer allgemeinen reinen Lehre vom Standort. In: Zeitschrift für Volkswirtschaft und Sozialpolitik, Bd. 5, 1927

Engländer, Oskar: Theorie des Güterverkehrs und der Frachtsätze. Jena 1924

Enzmann, Max: Die Anwendung mathematischer Methoden bei der industriellen Standortbestimmung. Diss. Zürich 1962

Enzmann, Max: Der industrielle Standort. Seine Bestimmung mit Hilfe mathematischer Methoden. In: Industrielle Organisation, 32. Jg., 1963

Esawa, Dyodi: Mikro- und Makroanalyse in der Standortslehre. In: Zeitschrift für die gesamte Staatswissenschaft, Bd. 117, 1961, H. 1

Florence, P. Sargant: Investment, Location and Size of Plant, Cambridge 1948

Frey, M.: Theorien des Industriestandorts. Diss. Zürich 1934

Greenhut, Melvin L.: Plant Location in Theory and in Practise. Chapel Hill 1956

Grundmann, Werner; Holdhaus, Rudolf u. a.: Mathematische Methoden zur Standortbestimmung. Berlin 1968

Gülicher, Herbert u. a.: Multiplikator, Gleichgewicht, optimale Wachstumsrate und Standortverteilung. Berlin 1965

Gutenberg, Erich: Thünens isolierter Staat als Fiktion. München 1922

Heimes, Anton: Der Standort des Betriebes. In: Die Führung des Betriebes. Festschrift zum 60. Geburtstag von Wilhelm Kalveram (hrsg. v. Karl Theisinger). Berlin, Wien 1942

Hintner, O.: Artikel „Standortwahl". In: Handwörterbuch der Betriebswirtschaft, 3. Aufl., Stuttgart 1960

Hirsch, Julius: Abriß der Standortlehre. In: Mahlberg, Walter u. a. (Hrsg.): Grundriß der Betriebswirtschaftslehre, Bd. 2: Die Betriebsverwaltung. Leipzig 1927

Hirsch, Julius: Beliggenhedslaere. In: Handelsvidenskabeligt Tidskrift, 2. Aargang, 1938/39

Hirsch, Julius: Beliggenhedslaere. Kopenhagen 1941

Hirsch, Seev: Location of Industry and International Competitiveness. Oxford 1967

Hoover, Edgar Malone: The Location of Economic Activity. New York–Toronto–London 1948

Isard, Walter: Location and Space-Economy, A General Theory Relating to Industrial Location, Market Areas, Land Use, Trade, and Urban Structure. Cambridge/Mass.–New York 1956

Isard, Walter: Methods of Regional Analysis. New York, London 1960

Isbary, Gerhard: Zentrale Orte und Versorgungsnahbereiche. Bad Godesberg 1965

Jacob, Herbert: Zur Standortwahl der Unternehmungen. Wiesbaden 1967

Jandy, G.: Die mathematischen und kybernetischen Modelle der optimalen Standortbestimmung. In: Mathematik und Kybernetik in der Ökonomie, Internationale Tagung, Berlin, Okt. 1964, Konferenzprotokoll T. 2, Berlin 1965

Karaska, Gerald J.; Bramhall, David F.: Locational Analysis for manufacturing. Cambridge 1969

Koch, Ernst: Die Theorien der Standortbestimmung der industriellen Produktion unter besonderer Berücksichtigung der Theorie der ortspreisorientierten Bestimmung des Produktionsstandortes. Diss. Frankfurt 1961

Kucharszky, T. v.: Das Standortproblem im Lichte der neuen Lehren. Diss. Wien 1936

Launhardt, Wilhelm: Die Bestimmung des zweckmäßigsten Standorts einer gewerblichen Anlage. In: Zeitschrift des VDI, 26. Jg., 1882

Launhardt, Wilhelm: Theorie der commerziellen Trassierung. In: Zeitschrift des hannoveranischen Architekten- und Ingenieurvereins, 1872

Lefeber, Louis: Allocation in Space. Amsterdam 1958

Lehmann, M. R.: Die betriebswirtschaftlichen und die technischen Ursachen der industriellen Ballung. In: Raumforschung und Raumordnung, 7. Jg., 1943

Liebmann, Hans Peter: Grundlagen betriebswirtschaftlicher Standortentscheidungen, Berlin 1969

Lösch, August: Die räumliche Ordnung der Wirtschaft. 3. Aufl., Stuttgart 1962

Lösch, August: Beiträge zur Standorttheorie. In: Schmollers Jahrbuch, 62. Jg., 1. Halbbd. 1938

Lösch, August: Um eine neue Standorttheorie. In: Weltwirtschaftliches Archiv, 54. Bd., 1941, Schrifttum

Ludovici, J. W.: Standortlehre und Verkehrsnetz: In: Siedlung und Wirtschaft, 16. Jg., 1934

Meyer, Wolfgang: Die Theorie der Standortwahl. Entwicklung, Inhalt und wirtschaftstheoretische Bedeutung des Standortproblems. Berlin 1960

Meyer-Lindemann, Hans Ulrich: Typologie der Theorien des Industriestandortes. Bremen-Horn 1951

Miksch, Leonhard: Zur Theorie des räumlichen Gleichgewichts. In: Weltwirtschaftliches Archiv, Bd. 66, 1951

Moses, Leon N.: A General Equilibrium Model of Production, Interregional Trade and Location of Industry. In: Review of Economics and Statistics, 42. Jg., 1960, H. 4

Napp-Zinn, Anton Felix: Zur Theorie des Standortes. In: Zeitschrift für Verkehrswissenschaft, 5. Jg., 1927

Niederhauser, Elisabeth: Die Standortstheorie Alfred Webers. Weinfelden o. J.

Obst, G.: Allgemeine Standortlehre. In: Das Buch des Kaufmanns, 7. Aufl., 1928, II. Bd.

Ohlin, Bertil: Handelsteorie. Stockholm 1924

Ohlin, Bertil: Interregional and International Trade. Stockholm 1931

Palander, Tord: Beiträge zur Standortstheorie. Uppsala 1935

Petersen, A: Thünens isolierter Staat. Berlin 1944

Predöhl, Andreas: Das Standortsproblem in der Wirtschaftstheorie. In: Weltwirtschaftliches Archiv, Bd. 21, 1925

Predöhl, Andreas: Zur Frage einer allgemeinen Standorttheorie. In: Zeitschrift für Volkswirtschaft und Sozialpolitik, Bd. 5, 1927

Predöhl, Andreas: The Theory of Location in its Relations to General Economics. In: Journal of Political Economy, Vol. XXXVI, 1928

Predöhl, Andreas: Von der Standortlehre zur Raumwirtschaftslehre. In: Jahrbuch für Sozialwissenschaft, Bd. 2, 1951

Rabe, K.: Artikel „Standort". In: Handwörterbuch der Betriebswirtschaft, Stuttgart 1928

Richardson, Harry W.: Regional Economics. Location Theory, Urban Structure and Regional Change. London 1969

Ritschl, Hans: Reine und historische Dynamik des Standortes der Erzeugungszweige. In: Schmollers Jahrbuch, 51. Jg., 1927, 2. Halbbd.

Ritschl, Hans: Aufgabe und Methoden der Standortlehre. In: Weltwirtschaftliches Archiv, 53. Bd., 1941, Schrifttum

Ritschl, Hans: Artikel „Standort und Standortlehren". In: Handwörterbuch der Betriebswirtschaft, 3. Aufl., Stuttgart 1960, 3. Bd.

Roscher, W.: System der Volkswirtschaft. 3. Bd., Stuttgart 1881

Rüschenpöhler, Hans: Der Standort industrieller Unternehmungen als betriebswirtschaftliches Problem. Versuch einer betriebswirtschaftlichen Standortlehre. Berlin 1958

Schäffle, A.: Das gesellschaftliche System der menschlichen Wirtschaft. 3. Aufl., Tübingen 1873

Schmidt-Renner, Gerhard: Über Grundlagen und Probleme einer gesamtterritorialen Standortplanung der sozialistischen Produktion. In: Wissenschaftliche Zeitschrift der Hochschule für Ökonomie Berlin, 11. Jg., 1966, H. 2

Schmidt-Renner, Gerhard: Räumliche Verteilung der Produktionskräfte. Berlin 1953

Schneider, E.: Der Raum in der Wirtschaftstheorie. In: Jahrbücher für Nationalmetrica, 1935

Schneider, E.: Der Raum in der Wirtschaftstheorie. In: Jahrbücher für Nationalökonomie und Statistik, Bd. 153, 1941

Siebert, Horst: Zur Theorie des regionalen Wirtschaftswachstums. Tübingen 1967

Sombart, Werner: Einige Anmerkungen zur Lehre vom Standort der Industrien. In: Archiv für Sozialwissenschaft und Sozialpolitik, 30. Bd., 1910

Spielberg, Kurt: Algorithms for the Simple Plantlocation Problem with some Side Conditions. In: Operations Research, 17. Jg., 1969, H. 1

Stolper, W.: Standorttheorie und Theorie des internationalen Handels. In: Zeitschrift für die gesamte Staatswissenschaft, Bd. 112, 1956

Storbeck, Dietrich: Die wirtschaftliche Problematik der Raumordnung. Berlin 1959

Thünen, Johann Heinrich von: Der isolierte Staat in Beziehung auf Landwirtschaft und Nationalökonomie. Neudruck in der Sammlung sozialwissenschaftlicher Meister (hrsg. von Waentig). Jena 1930

Uherek, Edgar W.: Standortwahl und Absatzpolitik. In: Absatzpolitik und Distribution. Karl Christian Behrens zum 60. Geburtstag (hrsg. v. Johannes Bidlingmaier, Helmut Jacobi, Edgar W. Uherek). Wiesbaden 1967

Vasoldt, Franz: Die Webersche Standortstheorie der Industrien im Lichte ihrer Kritiken. Diss. Berlin 1937

Wagner, Claus-Joachim: Klassifikation der Standortprobleme sowie die Anwendung mathematischer Methoden bei der Lösung solcher Probleme. In: Wissenschaftliche Zeitschrift der Hochschule für Ökonomie Berlin, 13. Jg., 1968, H. 1

Weber, Alfred: Über den Standort der Industrien. 1. Teil: Reine Theorie des Standorts, Tübingen 1909

Weber, Alfred: Industrielle Standortslehre. In: Grundriß der Sozialökonomik, VI. Abt., Tübingen 1914

Weigmann, H.: Standorttheorie und Raumwirtschaft. Betrachtungen zur Entwicklung der Standorttheorie in Deutschland seit Joh. Heinr. v. Thünen. In: Seedorf-Seraphim: Johann Heinrich v. Thünen zum 150. Geburtstage. Rostock 1932

Weinberg, Franz: Operations-Research-Anwendung für die Wahl von betrieblichen Standorten. In: Die Unternehmung, 22. Jg., 1968, Nr. 3

Willeke, Rainer J.: Artikel „Standort". In: Staatslexikon, 6. Aufl., 7. Bd., Freiburg 1962

Wirtschaftszweige

Applebaum, William: Store Location Strategy Cases. Reading/Mass. 1968

Baumol, W. J.; Wolfe, P.: A Warehouse-Location Problem. In: Operations Research, 6. Jg., 1958

Behrens, Karl Christian: Standortprobleme der Geschäfte des Lebensmittel-Einzelhandels. In: Gegenwartsprobleme genossenschaftlicher Selbsthilfe. Festschrift für Paul König. Hamburg 1960

Behrens, Karl Christian: Der Standort der Handelsbetriebe. Köln-Opladen 1965

Berry, Brian Joe Lobley: Geography of market centers and retail distribution. Englewood Cliffs/N. J. 1967

Bley, Dietrich: Die Standortverlagerungen der Bekleidungsindustrie in der Bundesrepublik Deutschland und ihre Ursachen. Diss. Mainz 1969

Buga, Janusz: Optimierung der Standortwahl von Großhandelslagern. In: Der Handel, 18. Jg., 1968, H. 12, Beilage: Rationalisierung im Handel, 6/68

Bunge, Helmut: Einzelhandels- und konsumnahe Handwerksbetriebe in neuen Wohnsiedlungen. Berlin 1969

Bühler, H.: Standorttheorie des Handels. Diss. Bern 1949

Drysdale, J. Keith; Sandiford, Peter J.: Heuristic Warehouse Location. In: Journal Canadian Operational Research Society, 1969, 1

Gansaeuer, Karl-Friedrich: Lagerung und Verflechtung der eisenschaffenden Industrie der Montanunionsländer in räumlicher Sicht. Wiesbaden 1964

Geigant, Friedrich: Die Standorte des Fremdenverkehrs. München 1962

Gerlach, Edgar F.: Wandlungen der Standortstruktur in der Energiewirtschaft der Bundesrepublik und ihre Auswirkungen auf die regionale wirtschaftliche Entwicklung. Diss. Berlin 1967

Guembel, Rudolf: Die Abbildung von Standortwahlproblemen einer Filialunternehmung in einem polysektiven Standortmodell. In: Unternehmensforschung im Handel, Rüschlikon-Zürich 1969

Haag, Siegfried: Der Standort Stadtmitte. Diss. Stuttgart 1962

Hinz, Siegfried: Zur Standortwahl im Großhandel. Diss. Berlin 1955

Junius, H.-P.: Zur Frage des Standorts neuzeitlicher Eisenhüttenwerke in der BRD unter besonderer Berücksichtigung der Absatzorientierung. Diss. Aachen 1962

König, Heinz; Thoss, Rainer: Der optimale Standort der Industrie: Ein interregionales Programmierungsmodell für die westdeutsche Papierindustrie. In: Zeitschrift für die gesamte Staatswissenschaft, 121. Bd., 1965

Kubatz, Herbert: Standorttendenzen und Standortverlagerungen in der deutschen Flachglasindustrie vom betriebswirtschaftlichen Standpunkt. Diss. Berlin 1965

Leivo, Veikko: Optimization of Location and Size of Automobile Dealership. Helsinki 1965

Leivo, Veikko: Influence of the Location and Size of the Automobile Dealership upon its Profitability. Helsinki 1967

Liebmann, Hans Peter: Das empirische Erscheinungsbild von Standortentscheidungen in Lebensmittelfilialunternehmungen. In: Unternehmensforschung im Handel, Rüschlikon-Zürich 1969

Liebmann, Hans Peter: Ziel und Aufbau des Forschungsprojektes „Die Optimierung der Standortwahl in Filialunternehmungen", die Analyse der relevanten Literatur und die Abbildung der Planungssituation in einem monosektiven Standortmodell. In: Unternehmensforschung im Handel. Rüschlikon-Zürich 1969

Mieth, Walter Heribert: Der wirtschaftliche Standortvorteil eines Hüttenwerkes an der westholländischen Nordseeküste gegenüber dem Standort im östlichen Ruhrgebiet und die Folgerungen für die Unternehmenspolitik des Binnenwerkes. Diss. Aachen 1968

Nauer, Ernst: Standortwahl und Standortpolitik im Einzelhandel. Bern und Stuttgart 1970

Nelson, Richard W.: The Selection of Retail Locations. New York 1958

Philippi, Hans: Standorteinflüsse im Einzelhandel. In: Distributionswirtschaft. Gemeinschaftliche Gabe von Mitarb. Kölner Institutionen für Rudolf Seyffert zu seinem 75. Geburtstag (hrsg. von Edmund Sundhoff). Köln und Opladen 1968

Potthoff, Erich: Raumplanung und Standorte des Einzelhandels. Hamburg 1964

Rothe, Wolfgang: Standort und Struktur der Baumwollindustrien in den EWG-Staaten. Köln–Opladen 1968

Ruppmann, Reiner: Die Standortbestimmung für Verkaufsstätten im Einzelhandel. Berlin 1968

Ruppmann, Reiner: Die Standortwahl im Einzelhandel als Koordinationsproblem von Unternehmung und Markt. In: Unternehmung und Markt. Festschrift für Carl W. Meyer. Berlin 1969

Schall, Horst: Die Chemische Industrie Deutschlands unter besonderer Berücksichtigung der Standortfrage. Diss. Nürnberg 1959

Schmidt-Friedländer, Reinhard: Grundzüge einer Lehre vom Standorte des Handels. Ein Beitrag zur betriebswirtschaftlichen Standortlehre. Prag 1933

Seyffert, Rudolf: Der Standort der Einzelhandelsbetriebe. In: Handbuch des Einzelhandels. Stuttgart 1932

Siepmann, Juergen Dietrich: Die Standortfrage bei Kreditinstituten. Berlin 1968

Silbe, Herbert: Theorie der Standorte des Einzelhandels. In: Zeitschrift für handelswissenschaftliche Forschung, Bd. 24, 1930

Silbe, Herbert: Theorie der Standorte des Einzelhandels. Diss. Dresden 1931

Stisser, Reinhold: Standort und Planung der deutschen Kraftfahrzeugindustrie. Bremen 1950

Streicher, Heinz: Die Standort- und Transportstruktur der Mineralölindustrie in der Bundesrepublik Deutschland. Diss. Münster 1963

Streicher, Heinz: Raffineriestandorte und Rohrleitungspolitik. Hamburg 1963

Swoboda, Eugen: Die Standorte der Elektroindustrie Österreichs. Wien 1962

Thoss, Rainer: Die Standorte der westdeutschen Papierindustrie. Köln und Opladen 1964

Thuel, Reinhard: Ein interregionales Programmierungsmodell für die Westfälische Zementindustrie. Tübingen 1968

Tietz, Bruno: Unterschiede und Wandlungen der regionalen Handelsstruktur in der Bundesrepublik Deutschland 1950 und 1961. Köln und Opalden 1967

Tietz, Bruno: Die Standort- und Geschäftsflächenplanung im Einzelhandel. Rüschlikon-Zürich 1969

Toepfer, Rolf: Die Werkzeugindustrie, Hamburg 1963

Uherek, Edgar W.: Morphologische Grundlagen einer raumwirtschaftlichen Strukturanalyse des Einzelhandels. Diss. Berlin 1962

Wallmann, Karl-Gerhard: Wirtschaftliche Methoden der Investitionsplanung – einschließlich Standortplanung – in der Mineralöl verarbeitenden Industrie. München 1969

Walther, Edwin: Die Standortsbedingungen der Möbelindustrie. Diss. Hamburg 1955

Weber, Alfred: Die Standortlehre und die Handelspolitik. In: Archiv für Sozialwissenschaft und Sozialpolitik, 32. Bd., 1911

Wotzka, Paul: Standortwahl im Einzelhandel. Hamburg 1970

Standortfaktoren

Albers, Willi: Der Einfluß des Finanzausgleichs auf regionale Wettbewerbsbedingungen und Produktionsstandorte. In: Jahrbuch für Sozialwissenschaft, Bd. 14, 1963, H. 3

Amedick, Klaus: Die Besteuerung der gewerblichen Unternehmung als Standortfaktor. Diss. Köln 1959

Aule, Olgred: Analyse der Baulandpreise in der Bundesrepublik Deutschland unter regionalen Gesichtspunkten. München 1967

Back, Hans-Jürgen: Das Social-Cost-Problem unter besonderer Berücksichtigung ausgewählter Agglomerationsräume in der Bundesrepublik Deutschland. München 1967

Baudrexl, Ludwig: Beschreibung der sozialen und wirtschaftlichen Entwicklung ausgewählter Agglomerationsräume. München 1967

Behrens, Karl Christian: Standortlehre: Bedeutungswandel der Faktoren. In: Der Volkswirt, 20. Jg., 1966, Nr. 14

Boegel gen. Stratmann, Hans-Dieter: Raumordnung und Verkehr unter besonderer Berücksichtigung der Bedeutung von Binnenwasserstraßen und Binnenhäfen für die industrielle Standortsbildung und die räumliche Ordnung der Wirtschaft. Diss. Köln 1969

Boustedt, Olaf: Typisierung der Industriestandorte nach dem Frauenanteil der Beschäftigten. In: Informationen des Instituts für Raumordnung, 18. Jg., 1968, Nr. 11

Brede, Helmut: Die Agglomerationsräume in der Bundesrepublik Deutschland – Demographische und ökonomische Aspekte des Agglomerationsprozesses. München 1967

Brede, Helmut: Begriff und Abgrenzung der Region, unter besonderer Berücksichtigung der Agglomerationsräume. München 1967

Davin, Louis E.: Les facteurs de localisation des industries nouvelles. In: Revue economique, 20. Jg., 1969

Eitner, Michael Gerd: Die Erfolgsbeeinflussung durch die Berlinhilfegesetzgebung als Entscheidungsgrund für die Errichtung oder Aufrechterhaltung Berliner Betriebsstätten. Diss. Berlin 1968

Esenwein-Rothe, Ingeborg: Über die Möglichkeiten einer Quantifizierung von Standortqualitäten. In: Jahrbuch für Sozialwissenschaft, Bd. 14, 1963, H. 3

Europäische Wirtschaftsgemeinschaft (Hrsg.): Der wirtschaftliche Einfluß des Energiepreises. Brüssel 1966

Froehlich, Friedrich Wilhelm: Wachstumsbedingte Strukturwandlungen und ihre Auswirkungen auf den Arbeitsmarkt. Köln 1969

Gebhard, Armin; Baumann, Hans; Schworm, Klaus: Agglomerations- und Deglomerationstendenzen in der westdeutschen Industrie, München 1967

Grundke, Guenter: Die Bedeutung des Klimas für den industriellen Standort. Gotha 1955

Hansmeyer, K. H.; Fürst, D.: Standortfaktoren industrieller Unternehmen. In: Informationen des Instituts für Raumordnung, 20. Jg., 1970, Nr. 16

Ipsen, Gunther u. a.: Standort und Wohnort. Köln und Opladen 1957

Isenberg, Gerhard: Die ökonomischen Bestimmungsgründe der räumlichen Ordnung. München 1967

Kehrer, Gerhard; Langnickel, Ingeborg: Über Prognose und Planung der Standortverteilung der Produktion. In: Wissenschaftliche Zeitschrift der Hochschule für Ökonomie Berlin, 12. Jg., 1967, H. 2

Klemmer, Paul: Zur Trennung von Struktur- und Standorteffekten. In: Informationen des Instituts für Raumordnung, 18. Jg., 1968, Nr. 6

Kraus, Wolf-Dietrich: Die Quantifizierung von Standortfaktoren als Grundlage einer Standortlenkung. Würzburg 1970

Kuemin, Guido Karl: Öffentliche Ausgaben und Standort privater Unternehmungen. Diss. Zürich 1966

Mueller, Axel: Regionale Agglomerationen, Ballungsoptima und Möglichkeiten der industriellen Dezentralisation, unter besonderer Berücksichtigung der Verhältnisse in der Bundesrepublik Deutschland. München 1968

Muth, Hans J.: Die Steuer als Faktor der Standortwahl unter besonderer Berücksichtigung der Verhältnisse in Deutschland, der Schweiz und den Vereinigten Staaten. Diss. Frankfurt/M. 1956

Nydegger, Alfred: Industriestandort und Verkehr. In: Festschrift für Walther Hug zum 70. Geburtstag. Berlin 1968

Scheele, E.: Tarifpolitik und Standortstruktur. Göttingen 1959

Schneider, Olaf: Der Einfluß der Transportkosten auf Produktions- und Verteilerstandorte. In: Betriebswirtschaftliche Strukturfragen. Festschrift zum 65. Geburtstag von Reinhold Henzler (hrsg. v. Karl Alewell). Wiesbaden 1967

Schramm, Günter: The Effects of Low-Cost Hydro Power on Industrial Location. In: The Canadian Journal of Economics, 2. Jg., 1969

Österreichisches Institut für Raumplanung (Hrsg.): Standortfaktoren für die Industrieansiedlung. Ein Katalog für die regionale und kommunale Entwicklungspolitik sowie die Standortwahl von Unternehmungen. Bearb.: Helmut Schilling. Stuttgart, Berlin, Köln, Mainz 1968

Streit, Manfred: Über die Bedeutung des räumlichen Verbunds im Bereich der Industrie. Ein empirischer Beitrag zur Regionalpolitik. Köln, Berlin, Bonn, München 1967

Toepfer, Klaus: Überlegungen zur Quantifizierung qualitativer Standortfaktoren. In: Zur Theorie der allgemeinen und der regionalen Planung. Bielefeld 1969

Wabe, J.: Dispersal of Employment and the Journey to Work. In: Journal of Transport Economics and Policy, 1, 1967

Gewerbeansiedlung

Bundesministerium für Arbeit und Sozialordnung (Hrsg.): Die Standortwahl der Industriebetriebe in der Bundesrepublik Deutschland im Zeitraum von 1955 bis 1960. Bonn 1961

Bundesministerium für Arbeit und Sozialordnung (Hrsg.): Die Standortwahl der Industriebetriebe in der Bundesrepublik Deutschland. Verlagerte und neuerrichtete Betriebe im Zeitraum von 1961 bis 1963. Bonn 1964

Bundesministerium für Arbeit und Sozialordnung (Hrsg.): Standortwahl der Industriebetriebe in der Bundesrepublik Deutschland. Verlagerte und neuerrichtete Betriebe in den Jahren 1964 und 1965. Bonn 1966

Bundesministerium für Arbeit und Sozialordnung (Hrsg.): Die Standortwahl der Industriebetriebe in der Bundesrepublik Deutschland. Verlagerte, neuerrichtete und stillgelegte Industriebetriebe in den Jahren 1966 und 1967. Bonn 1968

Dams, Theo: Industrialisierung in ländlichen Entwicklungsräumen. Bonn 1957

Deutsche Gesellschaft für Betriebswirtschaft (Hrsg.): Wirtschaftsförderung. Staatliche Einflußnahme auf die Ansiedlung von privaten Industrieunternehmungen. Berlin 1968

Doerpmund, Heinz: Die Mittel der Industriestandortlenkung und die Grenzen ihrer Anwendbarkeit. Bremen-Horn 1950

Eberstein, Hans Hermann: Industrieansiedlung in ländlichen Problemgebieten. In: Der Betriebsberater, 24. Jg., 1969, H. 9

Economic Comm. for Europe (Hrsg.): Criteria for Location of Industrial Plants. New York 1967

Egner, Erich: Die regionale Entwicklung der Industriewirtschaften. In: Akademie für Raumforschung und Landesplanung (Hrsg.): Industrialisierung ländlicher Räume. Hannover 1961

Esenwein-Rothe, Ingeborg: Die Persistenz von Industriebetrieben in strukturschwachen Wirtschaftsgebieten. In: Akademie für Raumforschung und Landesplanung (Hrsg.): Industrialisierung ländlicher Räume. Hannover 1961

Estall, Robert Charles: Industrial Activity and Economic Geography. London 1966

Feigin, J. G.: Standortverteilung der Produktion im Kapitalismus und im Sozialismus. Berlin 1956

Fliegel, Julius: Die Agglomeration als Standorts-Problem der Industrie. Wien 1933

Gleitze, Bruno: Ostdeutsche Wirtschaft. Industrielle Standorte und volkswirtschaftliche Kapazitäten des ungeteilten Deutschland. Berlin 1956

Goebel, R.: Die Standorterfordernisse der Klein- und Mittelbetriebe in der Großstadt. Diss. Braunschweig 1954

Gueller, Peter: Amerikanische Perspektiven der Partnerschaft zwischen der öffentlichen Hand und der Privatwirtschaft in der Industrie-Ansiedlung. In: Die Unternehmung, 22. Jg., 1968, Nr. 3

Guthsmuths, Willi: Neuere betriebswirtschaftliche Entwicklungstendenzen im Leitbild der Standortpolitik unter besonderer Berücksichtigung des Betriebsgrößenproblems. In: Führungsprobleme personenbezogener Unternehmen. Gedenkschrift zum 75. Geburtstag von Karl Friedrich Rössle. Stuttgart 1968

Institut für Selbstbedienung Köln (Hrsg.): Planung von Einkaufsmärkten in neuen Wohnsiedlungen. o. J.

Joachimsen, Reimut und Trouner, Peter: Zentrale Orte in ländlichen Räumen unter besonderer Berücksichtigung der Möglichkeiten der Schaffung zusätzlicher außerlandwirtschaftlicher Arbeitsplätze. Bad Godesberg 1967

Kehrer, Gerhard: Zur Entwicklung von Randzonen der Ballungen als industrielle Reservegebiete. In: Wissenschaftliche Zeitschrift der Hochschule für Ökonomie Berlin, 11. Jg., 1966, H. 2

Kerth, A.: Grundlagen der Industrieansiedlung. Diss. Mannheim 1960

Koch, Reinhard: Industrieansiedlung in der wirtschaftspolitischen Praxis. In: Betriebswirtschaftliche Umschau, 38. Jg., 1968, 7/8

Krafft, Wilhelm: Industriestandort-Fragen in der europäischen Integration. Bremen-Horn 1958

Kraft, Jürgen: Der Agglomerationsprozeß als Problem der Wirtschafts- und Raumpolitik. München 1967

Kraft, Jürgen: Die Mobilität der Unternehmen im Gemeinsamen Markt: Die praktischen Probleme der Industrieansiedlung. In: Kommission der Europäischen Gemeinschaften (Hrsg.): Die wirtschaftlichen Aspekte der Niederlassungsfreiheit und des freien Dienstleistungsverkehrs in der Europäischen Wirtschaftsgemeinschaft. Brüssel 1967

Langnickel, Ingeborg: Zur Ausarbeitung einer Leitvorstellung über die Standortverteilung der Industrie in der DDR. In: Wissenschaftliche Zeitschrift der Hochschule für Ökonomie Berlin, 11. Jg., 1966, H. 2

Lee, Derek: Regional Planning and Location of Industry. London 1969

Lonski, Paul von: Raumwirtschaftspolitik und industrielle Standortplanung in der Bundesrepublik Deutschland. Berlin 1965

Marx, Detlef: Wachstumsorientierte Regionalpolitik. Göttingen 1966

Meichsner, Erhard: Wirtschaftsstrukturelle Probleme großer Siedlungszentren. Münster/Westf. 1968

Nauer, Ernst: Praxis der Industriestandortplanung. In: Die Unternehmung, 22. Jg., 1968, Nr. 3

Niedersächsisches Amt für Landesplanung und Statistik (Hrsg.): Auswahl geeigneter Standorte für Industriebetriebe. Hannover 1956

Orr, Sarah C.: Regional Economic Planning and Location of Industry. In: Regional and Urban Studies. London 1969

Rautenberg, Wolf: Die Bedeutung der Umfrageforschung bei der Standortplanung von Industrieunternehmen. Frankfurt/M. 1965

Schmidt-Renner, Gerhard: Räumliche Verteilung der Produktionskräfte. Berlin 1953

Schroeder, Dieter: Strukturwandel, Standortwahl und regionales Wachstum. Stuttgart, Berlin, Köln, Mainz 1968

Soldner, Helmut: Die City als Einkaufszentrum im Wandel von Wirtschaft und Gesellschaft. Berlin 1968

Toepfer, Klaus: Regionalpolitik und Standortentscheidung. Bielefeld 1969

Uebe, Wolfgang: Industriestruktur und Standort. Stuttgart, Berlin, Köln, Mainz 1967

Wronsky, Dieter: Landesplanung als Grundlage für die Wahl von Industrie-Standorten. In: Die Unternehmung, 22. Jg., 1968, Nr. 3

Sachregister